Alfred Schwarz · Das Leben ist ein Geschenk

ALFRED SCHWARZ

Das Leben ist ein Geschenk
Ein Weltbild der Lebensbejahung

Werner Classen Verlag Zürich

Alle Rechte vorbehalten.
Copyright 1984 by Werner Classen Verlag Zürich.
Graphische Gestaltung: Herbert Schiefer, Wien.
Gesamtherstellung: Wiener Verlag.
ISBN 3-7172-0329 0

INHALT

	Seite
Vorwort	9
Sinn und Inhalt des Lebens	17
Der Sinn des Lebens	19
Der Inhalt des Lebens	23
Impulse des Lebens	29
Hoffnung und Erwartung	31
Verbundenheit und Liebe	34
Freude und Glück	38
Von der Begrenzung des Lebens	41
Vom Tode und von der Erlösung vom Leben	43
Vom Fortleben nach dem Tode	47
Signale aus dem Jenseits?	55
Wo bleibt Gott?	61
Das Böse in der Welt	63
Der teilnahmslose Gott	69
Der Mensch hilft sich selbst	74
Welcher Gott?	79
Der Gott der Offenbarung	81
Der Menschensohn	86
Unfehlbar?	98
Irrtum, Schuld und Sünde der Kirche	103
Der Höllenglaube	105
Der Verrat am Evangelium	108
Der Verrat am Leben	117

Das Göttliche in der Welt und im Leben 125

Die Evolution des Lebens/Aufgabe und Berufung des
Menschen 135

Rückblick und Ausblick 143

Anmerkungen und Hinweise 149

Nachtrag 170

Bibliographie 175

VORWORT

Über die Frage nach dem Sinn des Lebens ist viel nachgedacht und viel geschrieben worden, ohne daß man sich über die wahre Berufung des Menschen und die Sinngebung seines Daseins hätte einigen, den Widerstreit zwischen Glauben und Wissen hätte lösen können. Warum also ein weiteres Buch zu diesem Thema, wozu das Bemühen einer persönlichen Sinnfindung? Weil ich, nahe dem achtzigsten Lebensjahr, rückschauend auf ein erfahrungsreiches Leben, als Vermächtnis an alle Erkenntnis suchenden Menschen jene Irrungen des Geistes aufzeigen will, ohne deren Überwindung das Leben nicht lebenswahr und lebenswert gestaltet zu werden vermag.

Mit Gedanken über den Sinn des Lebens, über Glauben und Wissen, Hoffnung und Erwartung der Menschen ist wenig getan, wenn man sie zu früh niederlegt. Man sollte warten und Erfahrung sammeln ein Leben lang. Man muß das Leben erlebt haben in seiner unermeßlichen Schönheit und Brutalität, in Lust und Freude, Liebe und Verbundenheit, Erwartung und Erfüllung ebenso wie in Versagung, Enttäuschung, Leid und Schmerz und trotzdem ja sagen zum Leben.

Man muß viele Menschen gesehen haben, fremde Städte und Länder, ihre Kulturen, Sitten und Gebräuche. Man muß im Leben gekämpft haben, um sich durchzusetzen, Erfolge errungen und Niederlagen erlitten haben. Man muß Glaube und Hoffnung im Herzen getragen, Wissen erworben und mit Zweifeln gerungen haben. Man muß erlebt haben, wie die Menschheit in ihren Versuchen, ihre höchsten Ideale zu verwirklichen, kläglich gescheitert ist, wie ihr Glaube erschüttert, ihre Hoffnungen enttäuscht und Freiheit und Menschenrechte mit Füßen getreten wurden.

Das allein genügt noch nicht. Man muß auch noch vergessen und darüber hinaus verzeihen können. Wer das erfüllt hat, darf es vielleicht wagen, ein paar Gedanken festzuhalten, die lebenswahr sind.

Ich weiß, daß ich an viele Tabus rühren werde, jedoch soll keinesfalls der Glaube Andersdenkender verletzt werden. Die dargelegten Gedanken sind nicht als Herausforderung oder als Kampfansage gedacht. Wenn ich imperativ zu fordern scheine, der Mensch „solle" oder „müsse" so denken oder handeln, wie es meinem Weltbild entspricht, so will ich lediglich zum Denken und Überdenken, zur Prüfung und Überprüfung der Vor- und Werturteile anregen, die sich der Mensch in bezug auf den Sinn seines Lebens gebildet hat. Ich will ihn beschwören, keinen Verrat am Leben, keine Sünde wider das Leben zu begehen.

Wenn in Fragen des Glaubens gegen bestehende, tief verwurzelte Auffassungen Kritik geübt wird,

„so ist es nichts Willkürliches und Unpersönliches, vielmehr Beweis dafür, daß lebendige, treibende Kräfte in uns da sind, welche eine Rinde abstoßen. Wir verneinen und müssen verneinen, weil etwas in uns leben und sich bejahen will, etwas, das wir vielleicht noch nicht kennen, noch nicht sehen."[1])

Veraltete, versteinerte Glaubenslehren und Dogmen, Vor- und Fehlurteile werden dem Menschen in seiner frühesten Kindheit von der Autorität seiner Umgebung eingeflößt und von ihm willenlos aufgenommen.

Der Mensch glaubt, bevor er zu denken beginnt, und er denkt, was man ihn zu denken lehrt. Die Einflüsterungen in der frühen Kindheit blockieren in seinem späteren Leben nur zu oft die Bereitschaft und den Mut, das in ihn gesenkte, tabu gewordene Gedankengut ans Licht zu heben, um es auf seinen Wahrheitsgehalt zu prüfen. Viele seelische Konflikte, Nöte und Ängste, die den Menschen auf seiner Suche nach Sinn und Wert des Lebens bewegen, sind auf diese frühen, ersten Einflüsse zurückzuführen. Konfrontiert mit den Erfahrungen des Lebens und den erworbenen Erkenntnissen, sind die Menschen oft in Widersprüche verfangen, werden verwirrt, unsicher, abweisend und unduldsam.

Die Menschen sind im allgemeinen nicht bereit, sich von den Wurzeln zu lösen, aus denen sie den Nährstoff ihres Denkens gezogen haben. Sie sind zu stolz, Irrungen des Geistes zuzugeben, und zu widerrufen, wozu sie sich einmal bekannt haben. Sie sind nicht bereit zuzugeben, sich geirrt zu haben. Im Gegenteil, sie wollen ihre Meinung weitergeben, wollen andere überzeugen und recht behalten, insbesondere dann, wenn sie Widerspruch hervorrufen. Das ist der Grund der Engstirnigkeit, des Starrsinns der Menschen und ihrer Beharrlichkeit, an dem festzuhalten, was in ihnen verwurzelt ist.

„Solange die Geschichte zurückreicht", schreibt Arthur Koestler, „entwickelten oder wählten die meisten Menschen das System von vorgefaßten Meinungen und Glaubenssätzen, für die sie zu leben und zu sterben bereit waren, nicht etwa selbst; sie wurden ihnen zugewiesen durch die zufälligen Gegebenheiten ihrer Geburt... Bei der Entscheidung für einen Glauben, einen Sittenkodex, eine Weltanschauung... spielte die kritische Vernunft bestenfalls eine untergeordnete Rolle. Die zahlreichen Katastrophen in der Gesellschaft des Menschen gehen vor allem auf eine exzessive Fähigkeit und sein brennendes Verlangen zurück, sich mit einer Gruppe oder einer Nation, mit einer Kirche oder Sache zu identifizieren und deren Credo selbst dann unkritisch und begeistert zu übernehmen, wenn die betreffenden Dogmen aller Vernunft widersprechen, den eigenen Interessen schaden und dem Selbsterhaltungstrieb hohnsprechen."[2])

Kein Mensch kommt mit einer Vorstellung von Gott, von Himmel und Hölle, von Gut und Böse, von Schuld und Sühne, von Belohnung und Strafe, von Sinn und Wert des Lebens zur Welt. Diese Vorstellungen werden dem Kind von seiner nächsten, es liebevoll umfangenden Umgebung eingeflößt, indoktriniert von jenen, denen diese Werturteile in ihrer Kindheit selbst eingeimpft worden sind. Diese eingeimpften Glaubensvorstellungen und Werturteile, die das ganze Leben lang nachwirken, führen meist zu Voreingenommenheit, zu Vor- und Fehlurteilen, die den Menschen im späteren Leben verschlossen und unnachgiebig machen. Aus dogmatischer Introvertiertheit fällt es selbst dem intelligentesten, fortschrittlichsten und feinsinnigsten Menschen schwer, Irrungen des Geistes zuzugeben. „Je vernünftiger der Mensch ist" — schrieb Goethe —, „desto lügenhafter wird er, sobald er irrt, desto ungeheurer muß der Irrtum werden, sobald er darin verharrt."[3])

Selbstbesinnung ist nicht nur schwer, sie ist auch nicht immer heilsam. Man erwarte also im folgenden keine Empfehlung von Allheilmitteln für ein glückliches Leben, wie sie heute oft angeboten werden. Ich will nur versuchen, möglichst einfach und allgemein verständlich ein wohlüberdachtes persönliches Weltbild zu zeichnen, das meiner Auffassung nach dazu beitragen kann, das Leben auf dieser Erde lebenswahrer und lebenswerter zu machen.

Wien, Anfang 1984.　　　　　　　　　　Alfred Schwarz

„Ich bin nie einer Idee begegnet, die mich so überwältigt und die Wahl meines Weges so beeinflußt hat wie die Idee, daß diese Welt nicht bleiben kann, wie sie ist, daß sie ganz anders werden kann und es werden wird."[4])

Manès Sperber

SINN UND INHALT DES LEBENS

DER SINN DES LEBENS

Wir wissen nicht, ob unserem Leben ein tieferer Sinn innewohnt, aber wir wissen, daß das Leben Sinn fordert und daß wir es sinnvoll gestalten können und sinnvoll gestalten müssen, um es zu bejahen.

Es ist müßig darüber nachzudenken, ob das Leben Zweck und Ziel hat: Der Zweck des Lebens ist das Leben selbst.[5]) Der Mensch ist sein eigenes Ziel. Er hat seinen Impulsen, seiner inneren Stimme, seinen Gefühlen, seinem Herzen zu folgen und so zu handeln, als ob er selbst Zweck und Ziel des Lebens wäre.

Der verstandesbegabte Mensch hat die Möglichkeit, über sein Dasein, seine Gegenwart, seine Vergangenheit und Zukunft nachzudenken. Er nimmt das Geschehen in sich auf, ist sich des Geschehens bewußt. Er denkt nach, überlegt, gibt seinem Tun und Handeln Sinn, verfolgt Ziele, setzt Absichten. Er ist in der Lage zu planen, Entscheidungen zu treffen und, in gewissen Grenzen, sein Leben zu bestimmen.

Doch die Handlungen des Menschen sind nicht von der Vernunft allein bestimmt, sondern auch von seinen Gefühlen und Instinkten, seinen Begierden und Trieben. Das Herz hat oft die stärkeren, die treibenderen Argumente als die ruhig erwägende Vernunft. Wenn es jedoch um die Selbstbehauptung, um die Erhaltung der Grundlagen und Grundsätze des eigenen Lebens geht, sollte allein die Vernunft entscheiden.[6])

Die Vernunft bringt freilich den Menschen oft um die Lust und Freude am Erleben, wenn sie falsch angewandt wird, ein persönliches Lebensgefühl unterdrückt und sich einer persönlichen Lebenswahrheit entgegenstellt.

Nicht durch Grübeln darüber, was der Sinn des Lebens sein könnte, erfüllt der Mensch den Sinn des Lebens, sondern dadurch, daß er handelt, daß er tätig ist, daß er das Leben lebt, es bejaht, es liebt, ihm selbst Inhalt und Wert gibt.

Jeder schöpferische Impuls, jedes lebensfrohe Gefühl, dem der Mensch nicht stattgibt, ist ein Stern, den er verlöschen läßt. Es kommt nicht auf die Gedanken an, denen er nachhängt, sondern auf die Gefühle, die sie in ihm erwecken, auf die Liebe, die er dem Leben entgegenbringt. Die Liebe zum Leben ist Liebe zur sinnlichen, empfindlichen Wahrnehmung der Welt.

Die Frage nach dem Sinn des Lebens kann für den einzelnen nur in der Verwirklichung seines eigenen, ihm zugehörigen Lebens Bejahung und Lösung finden. Das Leben bejahen, heißt sich selbst bejahen, heißt nichts anderes sein wollen, als man ist.

Es gibt keine allgemein gültige Antwort auf die Frage nach dem Sinn des Lebens. Wir lieben das Leben, auch ohne zu wissen warum, und besonders dann, wenn wir der Gefahr ausgesetzt sind, es zu verlieren. Wir lieben Menschen, Blumen, Tiere, lieben die lebende und tote Natur, lieben den Himmel und die Sterne, die Erde, das Meer und die große, weite Welt und alles Schöne, ohne zu wissen warum.

Müssen wir denn alles ergründen, was wir tun? Müssen wir denn immer versuchen, das Erlebte zu zergliedern, die Gefühle in uns zu zersetzen, das Unbewußte wachzurufen, um nach Zweck und Sinn zu forschen? Müssen wir uns mit Gedanken abquälen, ob wir etwas tun sollen, wozu uns das Gefühl drängt, statt dem Gefühl zu folgen? Müssen wir unbedingt etwas aufgeben, weil wir zulange darüber gegrübelt haben, ob wir es tun sollen? Sind die schönsten Augenblicke des Lebens nicht gerade die, die vom Gefühl allein bestimmt sind? Folgen wir der Versuchung! *Das Herz weiß, was es will. Fragen wir nicht immer „warum".*

Suchen wir nicht immer Erklärungen für das, was wir tun; forschen wir nicht immer nach Ursachen und Gründen. Der Sinn des Lebens liegt im Leben selbst, im Glauben an das Leben, in der Bejahung des Lebens, in der vollen Hingabe an das Leben, im Sichverströmen, Sichverschenken und Empfangen, in der Vielfältigkeit und im Wechsel seiner Ausdrucksformen. Die Größe der Schöpfung in ihrer ganzen Formenpracht und Farbenschönheit in uns aufzunehmen, gibt dem Leben Inhalt, Sinn und Wert.

Alle Versuche, dem Rätsel des Lebens auf den Grund zu kommen, befriedigen wohl den forschenden Geist, führen aber am Sinn des Lebens vorbei. Folgen wir dem Instinkt, Kommunikation und Verbundenheit mit Menschen und mit der uns umfassenden belebten und unbelebten Natur zu suchen, im Gefühl der Zusammengehörigkeit, als Glied des kosmischen Ganzen.

Der Sinn des Lebens liegt im Leben selbst.

DER INHALT DES LEBENS

Der Inhalt, den man dem Leben gibt, kann nur in der aktiven Gestaltung des Lebens gefunden werden. Dies erfordert die Bereitschaft, sich aufzuschließen, sich zu verschenken, um zu empfangen, in sich aufnehmen zu können, um das in sich eingeengte Leben zu erweitern.

Der Sinn des Lebens ist mit dem Inhalt, den wir ihm geben, mit der Freude und Befriedigung, die wir im Leben erfahren, eng verbunden.

Der Inhalt des Lebens, die Freude am Leben und die Befriedigung im Leben müssen in sinnvoller physischer und geistiger Betätigung gesucht und gefunden werden.

Eine sinnvolle Betätigung ist ein der Natur des Menschen angepaßtes Bedürfnis. Ein sinnvolles Leben erfordert immer neue Anstrengung, tätig zu sein, sich immer wieder anzupassen, sich zu entfalten, sich zu verwirklichen.

Leben und Arbeit sind untrennbar miteinander verbunden. Arbeit ist ein Grundprinzip des Lebens. Arbeit soll Spannung schaffen, Freude bereiten und Herz und Geist anregen. Sie ist der Motor, der das Leben vorwärts treibt.

Die Fähigkeit zu schaffen und zu gestalten, ist jedem Menschen angeboren, er muß sie nur entdecken, sie entwickeln und ausüben. Mangel an sinnvoller, schöpferischer Tätigkeit führt zu Unrast und Freudlosigkeit, zur Abstumpfung des Geistes und des Herzens, zu Hoffnungslosigkeit und Verzagtheit und endet im Zweifel am Sinn und Wert des Lebens.

Der Mensch, der im Leben keinen für ihn faßbaren Sinn und Wert sieht, weiß dem Leben auch keinen Inhalt zu geben. Er ist blind für das, was er wahrnehmen könnte, wenn er sehen wollte; er ist verschlossen für das, was das Leben an Lust und Freude, an Befriedigung und Schönheit bietet, was ihn erfüllen könnte, wenn er sich dem Leben öffnen würde. Er glaubt nicht an das was ist, er glaubt an nichts, weil er sich selbst verkannt, sich selbst verfehlt, nicht zu sich selbst gefunden hat, sich nicht selbst zu verwirklichen wußte.

Der Mensch muß sich aufschließen, muß sehen, muß empfangen und empfinden können, um seinem Leben Inhalt zu geben, und durch den Inhalt Sinn und Wert. Er und nur er allein ist dazu imstande. Er und nur er allein ist sich selbst und *nur sich selbst* verantwortlich für das, was er mit seinem Leben anfängt. Er muß den Forderungen seines Lebens gerecht werden. Wer sich ihnen entzieht, sie abweist, sie verdrängt, hat ein leeres, ein unausgefülltes, ein unerfülltes Leben und endet oft in psychischer Erkrankung.

Der Mensch allein bestimmt die Werte seines Lebens. Seine Hoffnungen und Erwartungen, seine Sehnsüchte und Wünsche sind es, die seinem Leben Wert verleihen.

„Wir selbst" — schreibt Bertrand Russell — „sind die letzten und unwiderlegbaren Schiedsrichter der Bewertung... Wir selbst sind es, die die Wertungen schaffen; und unsere Wünsche sind es, die den Dingen Wert verleihen."[7])

Der Mensch allein ist Richter und Bewerter allen Geschehens, aller Handlungen, aller Dinge, die auf ihn zukommen und denen er zustrebt. Er allein kann seinem Leben Leuchtkraft geben und jenen Kräften zum Durchbruch verhelfen, die seinem eigenen, ihm zugehörigen Leben entsprechen.

Gewiß, es gibt Menschen, die das Leben als Last empfinden, die keinen Zweck und kein Ziel im Leben sehen, die aus Enttäuschung und Verzweiflung den Mut verlieren; Menschen, die aus Krankheit, Leid oder Not dem Leben ihre Liebe und Treue versagen und aufgeben. Sie gehen am Leben vorbei, oder sie finden Trost im Glauben und suchen den Sinn des Lebens in der Erlösung vom Leben.

Wer jedoch das Leben bejaht und liebt, der sieht es vom Licht der Zuversicht durchflutet; von Impulsen des Handelns bewegt; vom Verlangen nach Veränderung und Erneuerung, vom Durst nach Erkenntnis und Wissen getrieben.

Das Leben ist ein Geschenk, das uns gegeben ist, uns an ihm zu erfreuen. Befriedigung und Lust liegen im Gegebenen, im Sinnlichen und sind ausschließlich mit dieser Erde verbunden.

Die Freude am Leben und die Befriedigung, die wir im Leben finden, sind Inhalte des Lebens und liegen *in dieser Welt*.

In diesem Sinne verstehe ich die beschwörenden Worte von Nietzsches Zarathustra:

> „Bleibt mir der Erde treu meine Brüder, mit der Macht euerer Tugend! Euere schenkende Liebe und Erkenntnis diene dem Sinn der Erde! Also bitte und beschwöre ich euch. Laßt sie nicht davonfliegen vom Irdischen und mit den Flügeln gegen ewige Wände schlagen! Ach es gab immer soviel verflogene Tugend! Führt gleich mir die verflogene Tugend zur Erde zurück — ja zurück zu Leib und Leben, daß sie der Erde einen Sinn gebe, einen Menschen-Sinn."[8])

In uns liegt die Kraft, der Ansporn und Anreiz, das Leben zu gestalten, es zu erobern und immer neu zu entdecken. *An uns* liegt es, das Leben zu lieben und ihm Treue zu halten. Wer es versäumt, sich an allem zu erfreuen, was Welt und Leben bieten, wer, irregeleitet, sich dem Ruf des Lebens verschließt, *begeht Verrat am Leben*.

Ich glaube an das Leben, ich glaube — und ich wiederhole das ganz bewußt —, daß das Leben des Menschen höchstes Gut, des Menschen höchstes Ziel ist.

„Küsse die Erde" — predigt der greise Mönch Sosima in Dostojewskis „Brüder Karamasoff" — „Küsse die Erde und liebe das Leben, ohne Unterlaß und unersättlich. Liebe alle, und liebe alles! Suche dieses Entzücken und dieses Außersich-Geraten!
Benetze die Erde mit den Tränen deiner Freude, liebe diese deine Tränen, und schäme dich nicht deiner Verzückung; halte das Leben vielmehr hoch und heilig: denn das Leben ist ein Geschenk Gottes."[9])

IMPULSE DES LEBENS

HOFFNUNG UND ERWARTUNG

Das Leben bejahen, heißt sein Leben lang in Hoffnung und Erwartung leben.

Hoffnung ist der größte Ansporn des Lebens. Hoffnung schafft Erwartung, Erwartung führt zu Spannung, und Spannung bildet den Reiz des Lebens. Das Warten auf die Erfüllung schafft oft mehr Freude als die Erfüllung selbst. Hoffnung und Erwartung lösen das Streben nach immer neuen, immer weiteren Zielen aus.

Hoffnung beseelt nicht nur den einzelnen, sondern auch die Familie, die Gesellschaft, Parteien und ganze Völker. Wenn sie die Hoffnung verlieren, werden sie streitsüchtig, gewalttätig, oder sie gehen unter.

Hoffnung schafft ein Gefühl der Sicherheit, sie überwindet Furcht. Hoffnung ist der Glaube, daß das unmöglich Scheinende möglich wird; der Glaube, daß für den Hoffenden die Ausnahme zur Regel wird. Hoffnung und Erwartung sind die Lichtseiten, Unsicherheit und Furcht die Schattenseiten des Lebens.

Solange das Leben von Hoffnung und Zuversicht erfüllt ist, strebt der Mensch vorwärts, seinen Vorhaben und

Zielen entgegen. Die Frage nach Sinn und Wert des Lebens stellt sich nicht, sein Leben ist sinnerfüllt. Sobald jedoch das Feuer der Sehnsucht erloschen ist, die Hoffnung auf Erfüllung schwindet und Verzweiflung am Herzen nagt, wird das Leben inhaltslos und leer.

Hoffnungslosigkeit und Verzweiflung sind Sünden wider das Leben, die einzigen wahren Sünden, die der Mensch begeht. Gegen das Leben sündigen, heißt, sich gehen lassen, sich dem Schicksal ergeben, statt es herausfordern und zu meistern versuchen.

Am Leben verzweifeln, heißt, sich vom Leben abwenden, sich dem Leben entziehen. Verzweiflung ist oft nur der Schock darüber, auf dem selbst gebahnten Weg gestürzt zu sein und keinen Ausweg zu sehen.

„Wenn Du lange in einen Abgrund blickst" — schreibt Nietzsche —, „blickt auch der Abgrund in Dich hinein." Aber der Glaube an das Leben, der Wille zu überleben, besiegen die Verzweiflung.

Der Mensch muß an das Leben und an sich selbst glauben. Er darf nie aufgeben, muß unentwegt vorwärts streben, immer hoffen — ohne zuviel zu erwarten. Es führen immer neue, noch nie begangene Wege zurück ins Leben.

„Wenige begreifen" — schreibt Albert Camus —, „daß ein Mensch das, was sein Leben ausmacht, niemals aus Verzweiflung aufgibt. Die Entschlüsse hoffnungsloser Verzweiflung öffnen neue Wege im Leben und bezeugen lediglich eine bebende Anhänglichkeit an die Lehren dieser Erde."[10])

Denken wir daran, daß das Leben uns gegeben ist, uns an ihm zu erfreuen. Denken wir nicht an Leid, an Enttäuschungen und Bitternis. Lernen wir Leid verwinden und vergessen.

Vergessen ist das Vermögen, das dem Menschen gegeben ist, sich neuen Lebensmut zu schaffen, ein neues Beginnen zu wagen. Vergessen ist die Macht, dem Leben neuen Auftrieb zu geben. Der Mensch speichert in seinem Leben reichlich Erinnerungen an sonnige Tage, um aufkommende Betrübnis zu verdrängen. Das Wachrufen dieser Erinnerungen aus dem Unterbewußtsein zurück ins Bewußtsein schafft neue Impulse und neue Lebenslust. Nur wenn Hoffnungen und Erwartungen geschwunden sind, läßt man Erinnerungen an frohe Tage nicht gerne aufkommen.

VERBUNDENHEIT UND LIEBE

Der Mensch kann für sich allein nicht glücklich sein! Seine Beziehung zu anderen Menschen ist, genau wie seine Verbindung zur Natur und Welt, durch das Ausmaß seiner Öffnung zu ihnen, durch sein Streben nach Kommunikation, nach Verbundenheit und Liebe bestimmt.

Kommunikation ist ein telepathischer Vorgang, ein Senden geistiger Signale, ein übersinnliches Suchen nach Kontaktnahme, Verbundenheit und Liebe, die über die sinnliche Fühlungnahme zwischen Mensch und Mensch und zwischen Mensch und der ihn umgebenden Natur und Welt hinausgeht.

Ein den Menschen zutiefst berührendes Geschehnis blockiert Herz und Verstand. Das Geschehnis kann nicht erfaßt und nicht begriffen werden, ohne daß es aus seiner Ballung ausbricht und weitergegeben wird. Erst von einem anderen empfangen und rückgestrahlt, kann es in seiner ganzen Größe und Tiefe, in seiner vollen Wirklichkeit und Auswirkung erfaßt und begriffen werden. Erst durch die erfolgte Ausstrahlung, durch die stattgehabte Kommunikation, ihre Aufnahme, ihre Rückstrahlung und den Wiederempfang des bildgewordenen Geschehnisses wird es zu tief empfundenem Erleben.

Das Suchen nach Kontaktnahme, Verbundenheit und Liebe ist nicht nur auf Menschen in ihrer Beziehung zueinander und zu der sie umfassenden Natur beschränkt, sondern der ganzen belebten und unbelebten Natur in der Beziehung aller ihrer wesensgleichen und wesensfremden Formen zueinander und untereinander eigen. Es ist der angeborene Instinkt des allen Seienden gemeinsamen Ursprungs, die wechselseitige Affinität, das Gefühl der Zusammengehörigkeit, des Eingebundenseins in das kosmische Ganze.

Die Beziehung des Menschen zum Menschen ermöglicht es, das Leben anderer in sich aufzunehmen, um das eigene Leben zu erweitern und zu bereichern. Das Versagen jedweder Verbundenheit, das Entsagen jedweder Liebe, führt zu Hemmungen sich mitzuteilen, und schließlich zu psychischen Erkrankungen, zu Verkümmerung, Einsamkeit und Selbstzerstörung. Sie trüben den Blick, lähmen die Vernunft und verhärten die Herzen der Menschen.

„Wir leben nur, soweit andere in uns, soweit wir in anderen leben."[11])

Verbundenheit öffnet die Herzen zu eigenem und gegenseitigem Sich-verstehen, erweckt Freude am Leben und Erleben, inspiriert den Geist und befruchtet Schaffen und Gestalten.

Ohne Verbundenheit und Liebe erkaltet und verhärtet

das Herz, ohne Verbundenheit und Liebe erstarrt das Leben. Ohne Geneigtheit, einander entgegenzukommen, ohne Bereitschaft, einander Gehör zu schenken, ohne Bemühen, einander zu verstehen, und ohne Bereitschaft, im Widerstreit der Meinungen einen Ausgleich zu suchen, ohne Besonnenheit und Toleranz, ist ein harmonisches Zusammenleben von Menschen nicht möglich.

Der Dialog ist der Weg der Verständigung. Er dient dazu, Mißverständnisse und Irrtümer auszuräumen, Gegensätze zu mildern und Kompromisse zu ermöglichen. Der Dialog ist der Weg der Hinwendung des Menschen zum Menschen.

Ein Mensch, der für seinen Nächsten, für die Welt, für die Natur, für Schönheit, für Wissen und Kunst verschlossen ist, lebt in geistiger und seelischer Armut und Verkümmerung; er kann dem Leben keinen Sinn geben.

Liebe ist Hingabe an das Leben. Ohne Liebe kann der Mensch nicht glücklich sein, ohne Liebe versiegt der Durst nach Leben.

Liebe heißt, sich von sich selbst lösen, um sich mit anderen zu verbinden, heißt, sich in anderen wiederfinden, um sich selbst zu finden. Liebe ist das Verlangen nach Verbundenheit, die Anziehungskraft im Zusammenstreben zweier Pole, das Sich-suchen und das Sich-finden.

Liebe kann nur gegen Liebe empfangen werden. Liebe kann nur aufrechterhalten werden, wenn man Gegenliebe findet. Verschmähte Liebe vereist das Herz des Liebenden.

Liebe darf nicht erkalten. Liebe muß aufrechterhalten, muß immer neu entfacht werden, muß eine ständige Neuentdeckung des anderen und seiner selbst sein. Liebe muß durch alle Ungewißheit, durch Erwartung, Erregung und Spannung hindurch zur Wandlung des einen durch den andern führen; sie muß gegenseitiges Verstehen und Vertrauen herbeiführen, sie muß zur gegenseitigen Ergänzung beitragen. Liebe muß, über schnell verrauschende sexuelle Befriedigung hinaus, dem dauernden Zusammenhalten und dem gegenseitigen Beistand im Leben dienen und beständige zärtliche Verbundenheit schaffen, ohne die der Mensch im Leben keinen Halt, keinen Sinn und kein Glück finden kann.

Liebe ist nicht allein an eine Person gebunden, sondern an alles was ist, an alles was das Leben und das Objekt der Liebe einer Person umfaßt und umgibt, an die ganze belebte und unbelebte Natur und die ganze weite Welt. Liebe, die nur an eine Person, nur an ein Objekt gebunden ist, ist Eigenliebe und Selbstsucht, ist Blindheit und Armut. *Wer wirklich liebt, der umarmt das ganze Leben. Wer nicht liebt, dem versagt sich das ganze Leben.*

„Ich stille den doppelten Durst" — schreibt Albert Camus —, „den man nicht lange hinhalten kann, ohne daß das Leben vertrocknet, den Durst nach Liebe und den nach Bewunderung. Denn wenn man nicht geliebt wird, ist es nur ein Mißgeschick; wenn man aber nicht liebt, dann ist es ein Unglück."[12])

FREUDE UND GLÜCK

Eine alte Weisheit, die man nicht vergessen sollte, lautet:

- Man muß sich freuen, um glücklich zu sein;
- man muß glücklich sein, um andere glücklich zu machen;
- man muß andere glücklich machen, um selbst glücklich zu bleiben.

Lernen wir uns freuen, um glücklich zu sein!

Lernen wir uns freuen an allem, was das Leben in der unendlichen Vielfalt seiner Gestaltungs- und Ausdrucksformen bietet. Entdecken wir das Rätsel, die Schönheit, den Zauber und den Reiz ihrer Ausstrahlung, nehmen wir sie in uns auf, um Freude und Glück in uns zu entzünden! An uns liegt es, sie zu entflammen, sie weiterzugeben und rückgestrahlt zurückzuempfangen.

Freude und Glück sind in jedem Herzen, man muß sie nur suchen, so klein sie auch sein mögen, man wird sie finden. Kein Herz ist der Freude verschlossen; selbst ein schwacher Schimmer von Freude verdrängt, wenn man ihm zulächelt, Gram, Betrübnis und Bitternis. Es ist oft nicht das Glück, das uns fehlt, vielmehr das Wissen um das Glück, an dem wir oft achtlos vorübergehen. Erst das Bewußtsein, vom Glück begünstigt zu sein, macht glücklich.

Der Mensch muß empfänglich sein für die Ausstrahlung von Freude und Glück, aufgeschlossen sein für alles, was Freude und Glück bietet. Er muß das Herz öffnen, sich mitteilen, um sich selbst in anderen Herzen zu finden; er muß Freude am Leben in sich selbst entfachen und den Funken der Freude weitergeben, um ihn in der Rückstrahlung zu entflammen.

Das Glück des Menschen liegt im Schenken, im Sich-Verschenken, im Sich-Erschließen. Schenken schafft Freude, Schenken steigert nicht nur das Lebensgefühl des Beschenkten, sondern bereichert auch das Lebensgefühl des Schenkenden.

Um das Leben genießen zu können, muß der Mensch der Hast und Eile entsagen, den Rhythmus des Lebens verlangsamen, nichts übereilen. Die rasante technische Entwicklung unserer Zeit verkürzt jede Distanz zu unseren Vorhaben und Zielen, sie verringert alle Arbeitsabläufe und mindert damit unseren eigenen körperlichen und geistigen Einsatz. Man wird gedrängt, geschoben, mitgerissen. Man glaubt etwas zu versäumen, wenn man innehalten würde. Man will Zeit gewinnen, ohne zu wissen, was mit ihr anzufangen wäre. Der Mensch flieht vor sich selbst und sucht Ablenkung in überstürztem und maßlosem Tun, er sucht Betäubung und Rausch. Er findet nicht zu sich selbst, nicht zu innerer Sammlung und Konzentration.

Das Glück des Menschen erfüllt sich nicht in der Schnelligkeit, in der er sein Ziel erreicht, nicht in der Befriedigung seiner Begierden, nicht im Sieg der Vernunft. Er muß Ruhe und Entspannung suchen, um immer neue Impulse für freudeschaffende Tätigkeit, für eine immer neue Gestaltung des Lebens zu empfangen. Er muß die geheimnisvolle, transzendente Kraft, jenseits unseres Erkennens und Verstehens, in sich fühlen, die ihn empfinden läßt, ein Glied des unendlichen Ganzen zu sein.

VON DER BEGRENZUNG DES LEBENS

VOM TOD
UND VON DER ERLÖSUNG VOM LEBEN

Der Sinn des Lebens erfährt durch die Begrenzung des Lebens, also durch den Tod, keine Minderung seines Wertes.

> „Wie oft", schreibt Viktor E. Frankl, „hält man uns nicht vor, daß der Tod den Sinn des ganzen Lebens in Frage stellt, daß alles letzten Endes sinnlos sei, weil der Tod es schließlich vernichten müsse. Kann nun der Tod der Sinnhaftigkeit des Lebens wirklich Abbruch tun? Im Gegenteil. Denn was geschähe, wenn unser Leben nicht endlich in der Zeit, sondern zeitlich unbegrenzt wäre? Wären wir unsterblich, dann könnten wir mit Recht jede Handlung ins Unendliche aufschieben... so aber, angesichts des Todes, als unübersteigbarer Grenze unserer Zukunft und Begrenzung unserer Möglichkeiten, stehen wir unter dem Zwang, unsere Lebenszeit auszunützen und die einmalige Gelegenheit — deren ‚endliche' Summe das ganze Leben dann darstellt — nicht ungenützt vorübergehen zu lassen."[13])

Die Sinngebung des Lebens wird nicht durch die Länge des Lebens bestimmt, sondern durch dessen Ausnützung.

Nützen wir deshalb jeden Tag, jede Stunde des Lebens. Lassen wir die Zeit nicht ungenutzt verrinnen. Warten wir nicht auf morgen. Das Leben, das man zu leben versäumt hat, ist uneinbringlich! Man kann lange gelebt haben und dennoch zu leben versäumt haben; man kann kurz gelebt haben und dennoch viel vom Leben gehabt haben. Auf die Leuchtkraft kommt es an, auf die Intensität, mit der man lebt. *Je intensiver man das Leben lebt, desto sinnvoller wird es.*[14])

Was immer auch im Leben uns zustoßen sollte, wir müssen uns vom Willen zu leben leiten lassen und den Gedanken an den Tod abweisen. Denken wir in jedem Augenblick, daß das Leben vor uns liegt, als wäre es ewig. Denken wir nicht daran, daß wir sterben müssen. Man stirbt, wenn die Stunde kommt, nur *einen* Tod. *Wer den Tod dauernd vor sich sieht, hört nie auf zu sterben.*

Wer das Leben gelebt und geliebt hat, wird den Tod nicht fürchten. Wer zu leben versäumt hat, wird immer den Tod vor sich sehen und wird schwer sterben.

Der Tod ist keine Strafe Gottes.

Der Tod ist eine biologische und biochemische Notwendigkeit, eine natürliche Folge des Lebensprozesses. Der Tod ist ein Ende, kein Anfang eines neuen bewußten Lebens, kein Übergang in eine höhere Form des Bewußtseins. Mit dem Tod erlischt das wache Bewußtsein, mit dem Tod hört das Ich auf zu sein.

Man stirbt nicht, um vom Leben erlöst zu werden.

Man kann nicht von etwas erlöst werden, an das man glaubt, das man bejaht und liebt. Von einer Erlösung durch den Tod kann nur gesprochen werden, wenn das Leben sinnlos geworden ist, wenn man das Leben aufgeben will oder aufgeben muß, weil es aussichtslos geworden ist, eine Gefahr zu beseitigen, eine Krankheit zu heilen, oder weil das Leben einfach verfahren ist.

„Gewöhne dich an den Gedanken, daß der Tod uns nichts angeht", schreibt Epikur an seinen Schüler Menoikeus, „denn alles Gute und alles Übel beruht auf Empfindung, der Tod aber ist der Verlust der Empfindung. Daher macht die rechte Einsicht, daß der Tod uns nichts angeht, das sterbliche Leben genußvoll, indem sie diesem nicht ein Dasein von unbegrenzter Dauer hinzufügt, sondern indem sie das Verlangen nach Unsterblichkeit beseitigt ... Denn solange wir sind, ist der Tod nicht da, und sobald er da ist, sind wir nicht mehr. Folglich geht er weder die Lebenden an noch die Toten, denn die einen betrifft er nicht, und die andern sind nicht mehr."

Wenn der Sinn des Lebens mit der Verheißung auf ein Leben im Jenseits verbunden wäre, dann wäre er auf dieser Erde in Frage gestellt, und der Durchgang des Menschen auf der Erde wäre eine Strafe.

Verringern wir nicht den Wert des Lebens, indem wir Gedanken nachhängen, was nach dem Tod kommen mag. Hören wir auf, von religiösen Vorstellungen irregeleitet, den Sinn des Lebens in ein imaginäres, jenseitiges

Leben zu verlagern! Konzentrieren wir uns auf das Leben, das uns auf dieser Erde zu leben gegeben ist.[15]

Das Leben ist ein Geschenk.

Das Reich des Menschen ist von dieser Welt.

VOM FORTLEBEN NACH DEM TODE

Gibt es ein Fortleben nach dem Tode?
Gibt es ein ewiges Leben?
Sterben wir in ein Nichts oder in ein neues verwandeltes Leben?
Diese Fragen werden immer neu gestellt und immer neu zu beantworten versucht.

Der Theologe Heinrich Fries sieht, wie viele andere namhafte Theologen auch, in der Auferstehung Christi die Botschaft, daß das Leben den Tod überwunden hat, um in einem neuen, unvergänglichen Leben zu leben, und daß der Tod dadurch besiegt ist, „daß er zum Grund und Ursprung einer neuen Schöpfung wird, sein düsteres Gesicht verliert und zum Anfang eines neuen, verwandelten Lebens wird".[16])

Es ist schwer, angesichts gewonnener entwicklungsgeschichtlicher und biologischer Erkenntnisse ein Weltbild zu verstehen, das sich auf die Auferstehung Christi, den Sieg des Todes über das Leben und den Anfang eines neuen, wahren jenseitigen Lebens stützt.

Noch schwerer ist es, der Auffassung zu folgen, die der an sich fortschrittliche Tübinger Theologe Hans Küng vertritt. In seinem Buch „Existiert Gott?" fordert er zwar „eine radikale Kurskorrektur" und meint:

> „Was bereits das 17. Jahrhundert forderte und was seit dem 19. Jahrhundert (Evolutionstheorie!) überfällig geworden ist, muß endlich nicht nur verbal, sondern auch praktisch vollzogen werden: Abkehr vom mittelalterlichen Weltbild und konsequente Übernahme des modernen Weltbildes."[17])

Er verweist weiter darauf,

> „daß ein radikales Umdenken der Kirche weder in der Gotteslehre noch in der Lehre von Urstand und Ursünde noch in der Abstiegs- und Aufstiegschristologie ... noch in der Lehre von den ‚letzten Dingen' (Tod, Teufel, Gericht, Himmel, Hölle) durch weitere Rückzugsgefechte und Verschleierungstaktiken hinausgezögert werden dürfen".[18])

Zur Frage des Fortlebens nach dem Tode erklärt er allerdings:

> „Wenn Gott wirklich existiert und wenn dieser existierende Gott wirklich Gott ist, dann ist er nicht nur der Gott des Anfangs, sondern auch der Gott des Endes, dann ist er ... wie mein Schöpfer so auch mein Vollender. Ich kann mich also in durchaus vernünftigem Vertrauen darauf verlassen, daß ich — wie Jesus von Nazareth — im Tod, mit dem Tod, aus dem Tod in Gott hinein-

sterbe. Besser: von ihm aufgenommen werde.
Denn der Tod ist meine Sache, die Auferweckung zum Leben kann nur die Sache Gottes sein:

Von Gott selbst werde ich in ihn als die unfaßbare, umfassende letzte und erste Wirklichkeit aufgenommen, berufen, heimgeholt, also endgültig angenommen und gerettet. Im Tod, oder besser: aus dem Tod, als einem eigenen Geschehen, gründend in Gottes Tat und Treue. Das ist die verborgene, unvorstellbare, neue Schöpfertat dessen, der das, was nicht ist, ins Dasein ruft."[19])

Hier meine ich, überschlägt sich die Vernunft! Hier wird nicht nur vom Sieg des Todes über das Leben als neue Schöpfertat gesprochen, hier heißt es, daß der Mensch im Tod, mit dem Tod, aus dem Tod in Gott aufgenommen, berufen, heimgeholt, also endgültig angenommen und gerettet ist.

Gerettet wovor?

Erlöst vom Leben durch den Tod? Etwa als Folge der Erbsünde, „der Sünde", wie Bultmann meint, „daß wir uns von Gott getrennt haben"? Als Folge der „Sünde", die darin besteht, daß wir Mensch geworden sind?

Eine neue Schöpfertat?

Hier wird versucht, aus dogmatischer Introvertiertheit die verstandesmäßig anerkannten entwicklungsgeschichtlichen und biologischen Erkenntnisse, die seit der Evolutionslehre überfällig geworden sind, zu übersehen oder sogar zu verleugnen und unbeirrt an der „Frohen Botschaft", der Erlösung des Menschen vom Leben durch den Tod, im Tod, oder besser aus dem Tod, und am Glauben, an die Heimkehr und Aufnahme in die letzte Wirklichkeit eines ewigen Lebens festzuhalten. *Das ist Verrat am Leben!*

Das Leben ist keine Sünde und kein Fluch! Das Leben bedarf keiner Erlösung. Das Leben ist ein Geschenk, kein verpflichtendes Geschenk, kein Angebinde einer Schuld. Ein Angebinde einer Schuld an ein Geschenk vermindert dessen Wert auch dann, wenn die Schuld mit vagen Versprechungen späterer Schuldbefreiung verbunden ist.

Das Leben ist an keine Vorbedingungen oder Vorbehalte, an keine Gebote oder Auflagen gebunden, es ist nicht vorbelastet, keiner Prüfung oder Bewährung unterworfen und bedarf daher keiner schuldbefreienden Erlösung.

„Es gibt Worte", schreibt Albert Camus, „deren Sinn ich nie ganz verstanden habe, wie etwa das Wort Sünde. Dennoch glaube ich sagen zu können, daß diese Menschen nicht gegen das Leben gesündigt haben. Denn wenn es eine Sünde gegen das Leben gibt, so besteht sie vielleicht nicht so sehr darin, an ihm zu verzweifeln, als darin, auf ein anderes Leben zu hoffen und sich der unerbittlichen Größe dieses Lebens zu entziehen."[20])

Hören wir auf, uns als Sünder zu betrachten.

Hören wir auf, uns selbst zu erniedrigen und schlecht zu machen, hören wir auf, uns niederzuwerfen und um Vergebung zu flehen für das, was das Herz uns gesagt hat zu tun, statt uns stolz zu erheben, furchtlos und frei in die Welt zu schauen und zu verteidigen, was wir voll vertreten können.

Das ist gewiß kein Freibrief für Verbrechen, Entgleisungen, Übergriffe und Gesetzwidrigkeiten, kein Freibrief für Verletzungen oder Bedrohungen der Freiheit anderer, kein Freibrief für die Gefährdung des Wohls oder die Herabsetzung der Würde anderer, wohl aber Billigung dessen, was man tut, ohne Einschränkung des eigenen privaten und intimen Lebens.

Der Mensch ist in Unschuld geboren! Er hat keinen Grund, sich als Sünder zu betrachten, er hat keinen Grund, sich vor sich selbst zu schämen.

Ein Leben, das von Geburt an, für ewige Zeiten, von Geschlecht zu Geschlecht, an eine Erbsünde gebunden wäre, also erst mit dem Tod jedes einzelnen schuldbefreiend erlöst würde, hieße mit einem Fluch belastet sein. Ein Leben aber, auf dem ein Fluch lastet, schlösse jeden Sinn der Menschen für ihr Leben auf dieser Erde aus. Der Mensch muß sich deshalb vom Alptraum der Erbsünde befreien. Er muß sich der Verheißung der Erlösung vom Leben entäußern und die Drohung des Jüngsten Gerichtes zurückweisen. Dann, und nur dann, kann er in Unschuld und Freiheit handeln und seinem Leben einen Sinn geben, einen Menschen-Sinn.[21])

Wer an die Trennung von Leib und Seele glaubt, übersieht, daß mit dem Tode die Persönlichkeit, die Identität des Menschen zerstört wird. Das Ich hört auf zu sein. Er nimmt nicht wahr, daß sich das, was wir Seele nennen, in den Manifestationen der leiblichen Organe mitteilt und ihre Wahrnehmungen das wache Bewußtsein fordern. Mit dem Tod aber verfallen die Organe, mit dem Tod erlischt das wache Bewußtsein. Der Mensch stirbt als Ganzes, als eine psychosomatische Einheit.

Ich glaube, daß die Frage nach einem Fortleben nach dem Tode richtig lauten müßte:

Sterben wir aus der Wirklichkeit unseres irdischen ichbewußten Lebens in ein Nichts, oder sterben wir aus der Wirklichkeit unseres ichbewußten irdischen Lebens in ein neues, verwandeltes, ewiges Leben?

Meine Antwort auf diese Frage lautet unumwunden:

Wirklichkeit kann nur „ichbewußt" sein. Mit dem Tod aber hört unser Ich auf zu sein. Unsere Lebensgeschichte, alle physischen, psychischen und geistigen Beziehungen und Bindungen, die in unserem ichbewußten irdischen Leben erwachsen sind und unsere Identität bilden, werden durch den Tod jäh abgerissen. Der Tod ist ein vollkommenes Blackout des Bewußtseins. *Wir sterben in ein Nichts.*[22])

Gewiß, „kein Wesen kann zu nichts zerfallen, das Ewige regt sich fort in allem". Energie bleibt in der Physik des Lebens im ungebrochenen Prinzip der Einheit, des Zusammenwirkens der Gesetze und der Ordnung des

Weltalls erhalten. Unter den vielen Versuchen einer Erklärung, in welcher Form Energie beim Erlöschen des Lebens frei wird, scheint mir die Auffassung annehmbar, daß mit Eintreten des Todes die elementaren Bausteine, welche die materielle und geistige Struktur des Lebens bilden, in Form von unzerstörbarer Energie frei werden, zusammengehalten von Kräften, die dem geistigen Erkennen und Verstehenwollen trotzen.

Der namhafte französische Physiker Jean E. Charon hat in seinem Buch „Der Geist der Materie" auf die Wechselwirkung zwischen den Elementarteilchen, aus denen Leben besteht, hingewiesen, die, wie die moderne Physik nachweist, auf Entfernung miteinander kommunizieren, und glaubt, „in den unvorstellbar kleinsten Elementarteilchen, die als Protonen, Elektronen usw. unseren lebenden Körper bilden, den Geist, unseren Geist zu entdecken". Warum sollte dann, meint Charon, um unser Bedürfnis nach Unvergänglichkeit zu stillen, nicht ein geistiger Austausch zwischen den nach unserem Tode frei gewordenen Elementarteilchen statthaben?[23])

Wie dem auch sei, mögen die Elementarteilchen, die unseren lebenden Körper bilden, in den atomaren oder subatomaren Vorgängen ihrer Struktur auch nach unserem Tode miteinander in Wechselwirkung treten oder nicht — das ist nicht Gegenstand dieser Studie —, von einem „ichbewußten Fortleben" des materiellen und geistigen Lebens nach dem Tode, von der Erhaltung der „Identität des Menschen", kann keine Rede sein. Es ist völlig undenkbar, daß die nach dem Tode frei gewordenen Elementarteilchen, die den Körper eines Lebewesens bilden, sich jemals wieder *zu einer gleichen Struktur* vereinen könnten, die durch den Tod zerfallen ist.

Die Vorstellung einer „Ewigen Wiederkunft des Geschehens", die Nietzsche vertritt, kann nicht aufrechterhalten werden. Sie steht im Widerspruch zu den Erkenntnissen der modernen Naturwissenschaften, wonach die ganze belebte und unbelebte Natur ewigem Wandel, ewigem Werden und Vergehen unterworfen ist. Der Lauf des Geschehens ist unumkehrbar. Eine Wiederkehr des Gleichen widerspräche den Naturgesetzen und der fortschreitenden Entwicklung von Welt und Leben.

Das Wesen alles Lebenden ist in seiner Identität einmalig und unwiederholbar. Der Gedanke der Auferstehung der Toten ist widersinnig. Völlig abwegig und ungeheuerlich ist die Verheißung der Gleichzeitigkeit der Auferstehung aller Toten aller Zeiten, in ihrer leiblichen und geistigen Ursprünglichkeit, am Tage des Jüngsten Gerichts.

SIGNALE AUS DEM JENSEITS?

Parapsychische Wahrnehmungen liegen jenseits der Grenze unseres Vorstellungsvermögens. Sie sind keine Zeichen, keine Beweise eines Fortlebens des bewußten menschlichen, individuellen Lebens nach dem Tode. Unsterblichkeit als Aufgabe eines neuen bewußten Lebens nach dem Tode ist metaphysischer Aberglaube, der Glaube an eine Auferstehung ist biologisch absurd.

Übersehen wir nicht, daß der Mensch in seiner Bedrängnis Geborgenheit in seiner eigenen Tiefe sucht. Seine Natur ist so geschaffen, daß er imstande ist, in Stunden der Not und Angst, in Stunden seelischer Qualen und physischer Schmerzen sein waches Bewußtsein abzuschalten, um sich selbst zu betäuben. Der Mensch ist imstande, alles Bedrückende zu verdrängen, Enttäuschungen und Mißerfolge zu transformieren, Erlebnisse zu erhellen oder zu verdunkeln, sie abzublenden, zu versenken oder ins Bewußtsein zu heben, um Beruhigung und Befriedigung zu finden.

In Stunden äußerster Not leuchtet, angesichts des Todes, im Menschen aus seinen verborgensten Tiefen — in die frostige Leere über ihm, in das eisige Schweigen um ihn und in die tiefe Verlassenheit in ihm — plötzlich ein ferner Lichtschein kindlichen Glaubens auf, in den Händen Gottes zu ruhen. Der Mensch findet den Torweg seines Lebens zurück in die verwaisten Gassen seines vergangenen Lebens. Er belebt versunkene Erinnerungen, ruft vergangene Begegnungen mit ihm nahestehenden, lebenden oder verstorbenen Wesen wach, um ihnen — seinen Erwartungen oder seinen religiösen Vorstellungen entsprechend — in den Mund zu legen, daß er ins Leben zurückkehren oder gerufen und erwartet wird, ihnen zu folgen.

Solche aus der Versenkung des Unterbewußtseins wachgerufene „Begegnungen" sind *keine* übersinnlichen Wahrnehmungen, sondern Rückkoppelungen in die eigene, gelebte und erlebte Vergangenheit; sie sind natürliche Reaktionen auf das Gefühl der Verlassenheit und Hilflosigkeit, getragen von der Hoffnung auf Genesung und Rückkehr ins Leben oder der Angst vor dem nahen Tod. Solche Traumbilder können, durch Abschaltung des Bewußtseins, durch Verdrängung, Verdunkelung oder Verschleierung des jeweiligen Zustandes des Leidenden, durch medikamentöse Beruhigungsmittel unterstützt, ein Gefühl beseligender Ruhe und leuchtender Beglückung herbeiführen, die das Wiedererwachen aus der selbst herbeigeführten und medikamentös geförderten Verdunkelung einleiten oder das Hinübergleiten in den Tod erleichtern. Auf dem Durchgang — aus dem wachen Bewußtsein ins Unbewußte — durch den Tunnel der Verdunkelung endet der Zustand im strahlenden Licht einer beseligenden Welt.

Das Erblicken strahlenden Lichtes beim Verlassen des verdunkelten Tunnels, das Erkennen einer Welt erhabener Schönheit, das Empfinden beseligenden Friedens, eines schwerelosen, schwebenden Zustandes ist jedoch nicht, wie es Wiedererwachte darzustellen pflegen, die Wahrnehmung einer übersinnlichen, jenseitigen Welt, nicht der Himmel oder das verheißene Paradies, sondern der Ausklang eines im Unterbewußtsein des Kranken selbst produzierten Traumbildes, gestaltet und gefärbt aus Hoffnungen, Erwartungen, Befürchtungen und religiösen Vorstellungen.

Visionen, an der Schwelle des Todes, entstehen in der Glut suchenden, irrenden Geistes, einen leuchtenden Ausweg aus jeweils gegebenen bedrückenden, finsteren physischen und psychischen Zuständen zu finden. Sie sind natürliche Reaktionen auf die physische und psychische Belastung eines Kranken, auf das Empfinden der Verlassenheit, der Hilflosigkeit und Aussichtslosigkeit seiner Heilung, eine Reaktion auf die Befürchtungen des herannahenden Todes.

Sie können aber nicht einfach als Beweis für ein Fortleben nach dem Tode, nicht als Bilder und Erscheinungen aus dem Jenseits gelten. Was immer auch Psychiater, Kardiologen, Parapsychologen oder Seelsorger als transzendente Erlebnisse und Todeserfahrungen Hunderter, Tausender Sterbender oder aus dem Koma ins Leben Zurückgekehrter in Berichten gesammelt und festgehalten haben, es sind nur Visionen, aus dem Unterbewußtsein in Traumbilder gehoben, genährt, gestaltet und gefärbt von Erwartungen, Hoffnungen, Befürchtungen und vagen religiösen Vorstellungen einsamer, leidender, kranker, mit dem Tode ringender Menschen, aber — ich wiederhole — sie sind absolut *keine* Beweise für ein Fortleben des Menschen nach dem Tode, für einen Übergang des wirklichkeitsgebundenen, bewußten Lebens in ein neues jenseitiges, bewußtes Leben.

Die Übereinstimmung aller dieser Berichte in bezug auf das Gefühl des seligen Friedens, das Erlebnis, durch einen dunklen Tunnel einem paradiesischen Licht entgegenzuschweben, ist *kein* Beweis für die Übermittlung von Signalen aus dem Jenseits. Sie erweist ausschließlich nur die Gleichheit der Umstände, unter denen die transzendenten Visionen zustande kamen. Außer Zweifel hingegen steht, daß die Psychiater, Kardiologen, Parapsychologen und Seelsorger, die solche Berichte als Beweis transzendenter Erlebnisse aufgenommen und weitergegeben haben, dies in der Regel als Beweis ihrer eigenen religiösen Vorstellungen ansehen möchten. Vernunft spricht wider die Vernunft, um dem Glauben zu dienen.

Mit dem Tode erlischt das wache Bewußtsein, mit dem Tode hört das physische und psychische Leben auf zu sein.

Das ist — glaube ich — durchaus keine materialistische Auffassung. Ich stelle nur das ichbewußte, irdische Leben über alles.

Das soll nicht heißen,

daß sich mit dem Erlöschen des Lebens nicht etwas von

uns löst, das unzerstörbar ist und im Prinzip der Einheit, der Ordnung und des Zusammenwirkens der Kräfte des Alls erhalten bleibt. Wir wissen nicht, in welcher strukturellen Form dies geschieht, aber von einer Auferweckung oder Auferstehung, von einem bewußten individuellen Fortleben nach dem Tode, kann keine Rede sein.

Das soll nicht heißen,

daß es in der Physik des Lebens keine neuen Dimensionen gäbe, keine Manifestationen und Einflußnahmen geistiger Kräfte, keine übersinnlichen Wahrnehmungen oder andere Phänomene jenseits der Grenze des menschlichen Vorstellungsvermögens. Ich will nur davor warnen, voreilig Visionen sterbender oder aus dem Koma erwachter Menschen für Signale aus dem Jenseits zu halten, bloß weil dies religiösen Vorstellungen und menschlichen Wunschträumen entgegenkommt.[24])

WO BLEIBT GOTT?

DAS BÖSE IN DER WELT

Die Existenz des Bösen in der Welt, das sich im Leben jedes einzelnen Menschen sowie im Leben der Gesamtheit der Menschen kundtut, läßt sich nicht leugnen. Heimsuchung, Unheil und Verderben in allen ihren furchtbaren Formen können jedoch ebensowenig wie Krankheit, Not und Mißgeschick, die Menschen treffen, als Strafe Gottes für Sünden gerechtfertigt werden, die diese Menschen nie begangen haben.

> „Man sagt uns", schreibt Bertrand Russell, „die Welt wurde von einem Gott erschaffen, der sowohl gut als auch allmächtig ist. Bevor er die Welt erschuf, sah er alles Leid und Elend voraus, das es in ihr geben würde. Er ist daher für alles verantwortlich. Es ist sinnlos anzuführen, das Leiden in der Welt sei durch Sünde verursacht..."[25]

Wenn Gott der Allmächtige, der Allwissende und Allgütige, der Inbegriff der Sinngebung in der Welt ist, warum herrscht dann soviel Böses, soviel unsagbares Leid?

Was ist eigentlich der Wille Gottes, fragt Hans Küng in seinem Buch „Christ sein". Seine Antwort lautet:

„Gottes Wille, von der ersten bis zur letzten Seite der Bibel, zielt auf das Wohl des Menschen auf allen Ebenen, zielt auf das definitive und umfassende Wohl, biblisch das ‚Heil', des und der Menschen ... Gott will das Leben, die Freude, die Freiheit, den Frieden, das Heil, das letzte große Glück des Menschen; des einzelnen, wie der Gesamtheit ... er will ein Gott sein, der den Menschen in rettender Liebe begegnet ... der sich mit den Menschen, ihren Nöten und Hoffnungen solidarisiert, der nicht fordert, sondern gibt, der nicht niederdrückt, sondern aufrichtet, der nicht krank macht, sondern heilt ..."[26])

Küng muß allerdings an anderer Stelle zugeben:

„Gottes Liebe bewahrt nicht *vor* allem Leid. Sie bewahrt aber *in* allem Leid ... Das Leiden ist von Gott umfangen ... *der den Menschen trägt und hält*, ein Gott, der als Mit-Betroffener neben den Menschen steht."[27])

„Das Leid", sagt Küng, „läßt sich zwar nicht ‚erklären', aber bestehen, wenn wir trotzdem ‚Amen' sagen."[28])

Was für ein Trost kann es für den Leidenden sein, „zu wissen", daß Gott ihn nicht *vor* allem Leid bewahrt, aber *im* Leid verborgen anwesend ist und als Mit-Betroffener *neben* dem Menschen steht und der Mensch demütig, seinem Schicksal ergeben, „Amen" sagt?

Ich glaube nicht,

daß das Leid, wie Küng meint, „einen verborgenen Sinn" haben könnte, den der Mensch im Lichte des vollendeten Leidens und Sterbens, etwa im Glauben an die Erlösung durch den Tod, empfangen könnte.[29]

Ich glaube vielmehr,

daß Lust und Leid zusammengehören. Lust und Leid sind untrennbar miteinander verbunden. Lust *ohne* Leid ist undenkbar. Ohne Krankheit und Not, ohne Mißgeschick und Mißerfolg, könnten Lebenskraft und Lebensfreude nicht voll empfunden werden.[30]

Der Mensch muß zur Erkenntnis gelangen, daß kein Gott die Verfehlungen, Gewalttaten und Verbrechen, die Menschen begehen, verhindern kann. *Der Mensch allein ist für das Böse und das Leid in der Welt verantwortlich.* Jeder Versuch einer Rechtfertigung Gottes für das Unheil in der Welt muß scheitern. Eine solche Rechtfertigung wäre mit den Attributen eines allmächtigen, allwissenden, allgütigen Gottes unvereinbar.[31] Das Böse ist unvermeidbar vorhanden. Wir können es nicht aus der Welt schaffen, aber wir können wesentlich dazu beitragen, es zu mildern. Wer sich zur Rechtfertigung seiner Handlungen auf Gott beruft, verschleiert oder verdrängt eine Schuld.

Hören wir auf, den Namen Gottes im Munde zu führen, um unsere Handlungen zu rechtfertigen. Wer den Namen Gottes ständig im Munde führt, trägt ihn nicht im Herzen.

Berufen wir uns nicht auf Gott!

Rufen wir nicht Gott als Zeugen an zur Rechtfertigung für unser Tun. *Kein Gott lenkt unsere Handlungen, kein Gott sieht sie. Gott belohnt nicht das Gute und bestraft nicht das Böse.* Alle sterben eines Todes; die Gläubigen wie die Ungläubigen; die Guten wie die Bösen; die Unschuldigen wie die Schuldigen; die Verbrecher wie ihre Opfer. *Himmel und Hölle erwarten uns nicht im Jenseits als Belohnung oder Strafe; Himmel und Hölle haben wir hier auf Erden; Himmel und Hölle schaffen wir uns selbst!*

Der Mensch muß zur Einsicht gelangen, daß er dem ehernen Gesetz und der Ordnung des geheimnisvollen Werdens und Vergehens, dem Gesetz des Gedeihens und des Verfalls, als verschwindend kleines, untergeordnetes Glied im kosmischen Zusammenhang des Geschehens zwangsläufig unterworfen ist.

Unfaßbar ist das maßlose Leid, das die Menschen durch die zwingende Gewalt der Natur unverschuldet, oft blitzartig heimsucht. Die Menschen senken demütig ihr Haupt. Sie haben weder Einfluß auf das Entstehen noch auf die Verhütung des Unheils.

Kein allmächtiger Gott bewahrt sie davor!

Unfaßbar ist auch das Böse, das vernunftbegabte Menschen aus Neid, aus Gier nach Macht und Besitz, aus religiösem, gesellschaftlichem oder nationalem Fanatismus einander und sich selbst antun. Sie verursachen und schaffen sich selbst und anderen unsagbares Leid, ohne im Schock der Besinnung die Auswirkung und Ausweitung des Verderbens eindämmen und ihm ein Ende setzen zu können. Sie empören sich gegen die verheerenden Folgen der sie selbst berührenden Ausbreitung des Verderbens, wenn es zu spät ist, es zu zügeln. Sie sehen ihre Irrungen und Verfehlungen erst, nachdem sie sie begangen haben, und nehmen die Folgen erst wahr, wenn sie längst in sie verstrickt sind. Sie ernten die Früchte des Hasses, den sie selbst gesät haben.

Kein allmächtiger Gott hält sie zurück!

Die Geschichte der Menschheit ist, soweit sie die bestialische Vernichtung von Menschen durch Menschen betrifft, die Geschichte irrationaler Vorgänge. Die Verbrechen, die Menschen an Menschen begangen haben, begehen und weiter begehen werden, können nicht im Namen der Menschheit gerechtfertigt werden, nicht im Glauben, Gott zu dienen, nicht die Evolution der Menschen zu einem höheren und edleren Menschsein zu fördern. Sie sind und bleiben Verbrechen an der Menschheit, gleichgültig, ob sie für die Verteidigung eines Glaubens, eines nationalen Selbstbewußtseins oder für die vermeintliche Verwirklichung einer Ideologie begangen wurden.

Aufgabe des Menschen ist es, die Verherrlichung dieser Verbrechen, unter welchen Glaubens- oder Machtansprüchen auch immer sie erfolgen, uneingeschränkt zu verwerfen und sie als das anzusehen und zu brandmarken, was sie wirklich sind: als gemeine, verabscheuungswürdige, barbarische Gewalttaten. Aus dieser Erkenntnis heraus muß alles versucht werden, ihre Wiederholung zu verhindern.

- Wenn die Menschen aufhören werden, irregeleitet und verführt zu glauben, daß ihre Handlungen von Gott gelenkt werden,

- wenn sie lernen werden, daß sie selbst verantwortlich sind für ihr Tun,

- wenn sie sich bewußt sein werden, daß das Leben ein Geschenk ist, sich an ihm zu erfreuen,

- *dann werden sie aufhören, Böses zu ersinnen und Böses zu tun,*

- *und aufhören, sich auf Gott zu berufen als Zeuge für die Rechtfertigung ihrer Handlungen.*

DER TEILNAHMSLOSE GOTT

Kann angesichts all der entsetzlichen Untaten und Verbrechen, denen die Menschheit in ihrer langen Geschichte ausgesetzt war und weiter ausgesetzt bleibt, der Glaube an die Existenz eines allmächtigen Gottes glaubhaft aufrecht erhalten werden, der allwissend und allgegenwärtig in der menschlichen Geschichte handelt, der Gerechtigkeit, Freiheit, Frieden und das Wohl der Menschen will?

Sollte dieser vorgeblich allmächtige, allwissende, allgegenwärtige und allgütige Gott tatenlos, teilnahmslos und mitleidlos das Böse in der Welt geduldet haben, bloß um zu sehen, wie weit es die gottlosen Menschen ohne sein Eingreifen treiben würden? Dies widerspräche entschieden den Gott zugeschriebenen Attributen.

Wo bleibt Gott?

In seinem „Schwarzbuch der Weltgeschichte" unternimmt Hans Dollinger den Versuch, die grausamen Verbrechen, die die Menschen in ihrer Geschichte an der Menschheit begangen haben, zusammen-zufassen. Schrecken und Grauen erwachen bei der Vorstellung, daß die Ausübung dieser teuflischen

Untaten überhaupt möglich war in unserer Welt.[32]

„Scham, Scham, Scham — das ist die Geschichte der Menschheit."[33] Nach Auschwitz ist der Glaube an die Existenz Gottes erstarrt.

Wo bleibt Gott?

> „Nicht einer blieb verschont, war das
>   gerecht, ihr Himmel? Sagt, und wenn gerecht, für wen?
>
> Für wen? Für uns? Gesteht: Wofür?
>   Wir schämen uns für euch. Und für die Schuld der Welt.
>
> Taub war die Erde. Sie schloß
>   die Augen. Doch ihr Himmel. Hell seid ihr. Und schön.
>
> Von eurer Höhe aus habt ihr
>   herabgeblickt — Geblickt! Und nicht seid ihr zerschellt ...
>
> Euch glaubte ich, ihr Himmel. Und
>   ich weihte euch die schönsten Lieder, die ich sang.
>
> Euch liebte ich, wie ich
>   nur noch mein Weib, ihr Himmel, liebe. Sie ist tot. Rauch. Schaum.

In meiner Jugend schon verglich
ich meine Hoffnung mit dem Sonnenuntergang.

Und meine Seele weinte: So
entschwindet meine Hoffnung; so verlischt mein
Traum.

Ihr Himmel! Seht ihr, wie
der Mörder meines Volkes Kinder ins Verderben
führt?

Ihr Himmel leuchtet in
die Todeswagen. Und ihr hört den letzten
Todeslaut.

Millionen Kinder, die
sich fürchteten, heben ihre Hände zu euch auf.
Nicht rührt

Der Väter Stöhnen euch,
der Mütter Jammern. Nicht erzittert eure blaue
Haut.

Kein Gott ihr Himmel, lebt in euch! . . .

Ich habe meinen Gott, den Einzigen,
in euch verloren . . .

Verbrennt die Erde. Und
die Erdenflamme steige auf, die euch verbrennen
soll!"[34])

Wo bleibt Gott?

In Sartres Drama „Der Teufel und der liebe Gott"
bekennt Götz:

> „Ich flehte, ich rang um ein Zeichen, ich sandte
> dem Himmel Botschaften zu, doch es kam keine
> Antwort. Der Himmel weiß nicht einmal, wer ich
> bin. In jedem Augenblick fragte ich mich, was ich
> in den Augen Gottes wohl sei. Ich kenne die Antwort jetzt: nichts. Gott sieht mich nicht, Gott
> hört mich nicht und Gott kennt mich auch nicht.
> Du siehst die Leere zu unseren Häuptern? Diese
> Leere ist Gott. Du siehst dieses Loch in der Erde?
> Gott. Das Schweigen ist Gott, die Abwesenheit
> ist Gott, die Verlassenheit der Menschen ist
> Gott."[35])

Und trotzdem leuchtet in den Stunden äußerster Not und Angst, in die frostige Leere über uns, in das eisige Schweigen um uns, ein fahler Lichtschein auf, der uns in unserer frühen Kindheit, in den Geschichten vom Lieben Gott, in den allabendlichen stillen Gebeten begegnet ist, ein Lichtschein kindlichen Glaubens, daß Gott unsichtbar-sichtbar neben uns ist.

Das Herz, von Glauben und Wahn erfüllt, verdrängt die Vernunft.

Die Menschen wollen glauben, trotzdem glauben, auch wenn der Glaube Aberglaube ist. „Credo quia absurdum est." Ich glaube, weil es widersinnig ist. Die Menschen wollen nicht wahrhaben, was ihnen zu erleiden und zu erdulden untragbar scheint. Sie halten das Leben ohne Glauben für unerträglich. Sie wollen glauben, im Wahn glauben, daß sich die Leere um sie unsichtbar-sichtbar belebt, daß das Schweigen um sie unhörbar-hörbar gebrochen ist und sie unfühlbar-fühlbar nicht mehr verlassen sind.

Glaube und Wahn sind einander verwandt. Es ist immer ein wenig Wahn im Glauben, aber auch immer ein wenig Sinn und Vernunft im Wahn.[36])

DER MENSCH HILFT SICH SELBST

Gott ist *kein* persönliches Du, das sich als Gegenüber anbietet. Gott ist *kein* Gegenüber, das ICH sagt, unter die Menschen tritt und sich für sie zum DU macht, kein ansprechendes, ansprechbares DU.[37])

Gott ist *kein* Gegenüber, dem man sich aufschließen und mitteilen kann, dem man das Herz öffnen und ausschütten kann. Man kann wohl Gott sinnvoll anreden, man kann zu ihm beten, etwas erbitten, *aber,* ob wir es wahrhaben wollen oder nicht, Gott ist *kein* Gegenüber, das hört und erhört, das mitfühlt und mitleidet. *Gott kennt niemanden und sieht niemanden.* Der Mensch, der Beistand sucht, der die Hoffnung verloren hat, der verzweifelt ist, der nicht allein sein will, der Mit-fühlen und Mit-leiden erwartet,

sucht entweder,

sich einem liebenden, aufgeschlossenen, menschlichen Gegenüber mitzuteilen, um durch verständnisvolle Aufnahme und warmen menschlichen Widerhall wieder zu sich selbst zu finden, neue Zuversicht zu schöpfen,

oder aber,

er flieht, vereinsamt oder verlassen, sein waches Bewußtsein, flieht in die verborgenste Tiefe seines Seins, in der er sich selbst ein imaginäres Gegenüber, ein zweites Ich schafft, das er vertrauensvoll mit Du anspricht, um sich selbst Mut und Zuversicht für die Erfüllung seiner Sehnsüchte, Wünsche und Erwartungen einzuflößen.

Der Mensch hilft sich selbst.

Sein Gegenüber ist ein nützliches, selbstgeschaffenes Wahngebilde, nicht aber der Gott, „der Ich sagt, unter die Menschen tritt und sich für sie zum DU macht."

Hans Küng — ich wiederhole — schreibt zur Frage „Was Gott will":

> „Er will ein Gott sein, der sich mit den Menschen, ihren Nöten und Hoffnungen solidarisiert, der nicht fordert, sondern gibt, der nicht niederdrückt, sondern aufrichtet, nicht krank macht, sondern heilt."[38])

Und an anderer Stelle zur Frage „Gott und das Leid":

> „Gottes Liebe bewahrt *nicht vor* allem Leid. Sie bewahrt *in* allem Leid[39]) ... Der Glaubende weiß, daß Gott den Menschen trägt und hält, ein Gott der als Mit-Betroffener neben den Menschen steht, ... der im Leid verborgen anwesend ist."[40])

Wenn Gott den Menschen Freude, Freiheit, Frieden, Heil und das letzte Glück geben will, wenn er ein Gott sein will, der sich mit den Menschen, ihren Nöten und Hoffnungen solidarisiert, der nicht niederdrückt, sondern aufrichtet, der nicht krank macht, sondern heilt, wie kann dieser Wille Gottes in Einklang gebracht werden mit der bitteren Erkenntnis, daß Gott den Menschen *nicht vor* allem Leid bewahrt und *nur* als Mit-Betroffener, verborgen, *neben* dem Menschen steht?

Das heißt, der Betroffene ist in Leid und Not, in Krankheit und Schmerz, in seinem Versagen und in seinem Mißerfolg *allein*.

Der Glaube an einen Gott, der den Menschen *vor* allem Leid bewahrt, ist Selbstbetrug, ebenso wie der Glaube an einen Gott, der als Mit-Betroffener verborgen *neben* dem Menschen steht. Der Glaubende klammert sich an eine „Wahrheit", die keine ist, die er blind für die Gegebenheiten und Ursachen seines Betroffenseins wahrhaben will, um in eigener Selbstaufgabe sein Mißgeschick hinzunehmen, sich mit ihm abzufinden und in Demut Trost im Glauben zu suchen.

Trost ist Resignation, Verzicht, Entsagung, Ergebung. Das Leben aber ist eine Herausforderung. *Trost ist keine Stimulanz fürs Leben.*

Ich glaube, ein vom Mißgeschick Betroffener sollte den Gegebenheiten und Ursachen seines Betroffenseins selbstbewußt ins Auge sehen und Impulsen zum Durchbruch verhelfen, die ihm Mut, Kraft und Vertrauen in sich selbst geben, dem Mißgeschick zu trotzen im Versuch, es zu meistern.

Wer der Herausforderung des Lebens folgt, wer Aufstand und Widerstand leistet, bedarf keines Trostes.

Der Mensch hilft sich selbst.

WELCHER GOTT?

DER GOTT DER OFFENBARUNG

„Wir sollen glauben", schreibt Freud, „weil unsere Väter geglaubt haben. Aber diese unsere Ahnen waren weit unwissender als wir, sie haben an Dinge geglaubt, die wir heute unmöglich annehmen können. Die Möglichkeit regt sich, daß auch die religiösen Lehren von solcher Art sein könnten. Die Beweise, die sie uns hinterlassen haben, sind in Schriften niedergelegt, die selbst alle Charaktere der Unverläßlichkeit an sich tragen. Sie sind widerspruchsvoll, überarbeitet, verfälscht, wo sie von tatsächlichen Beglaubigungen berichten, selbst unbeglaubigt. Es hilft nicht viel, wenn für ihren Wortlaut oder auch nur für ihren Inhalt die Herkunft von göttlicher Offenbarung behauptet wird, denn diese Behauptung ist bereits selbst ein Stück jener Lehren, die auf ihre Glaubwürdigkeit untersucht werden sollen, und kein Satz kann sich doch selbst beweisen."[41])

Es ist verständlich, daß in den frühen Epochen menschlicher Geschichte die noch unwissenden Menschen verleitet wurden, als Wunder anzusehen, wofür es in ihrem Leben keine natürliche Erklärung gab. Die Furcht vor den Naturereignissen und dem Rätsel des eigenen vergänglichen Lebens hat in Deutungen und Bekenntnissen Ausdruck gefunden, die den Vorstellungen und Ausdrucksformen der Zeit entsprachen, in der sie entstanden sind, die aber den Vorstellungen, Erfahrungen und Erkenntnissen unserer Zeit nicht mehr entsprechen.

Es ist verständlich, daß sich die Menschen jener frühen Geschichtsepochen zur Erklärung ihres Daseins und ihres Schicksals einen Gott, Schöpfer und Lenker der Welt, nach ihren eigenen Sehnsüchten, Hoffnungen und Erwartungen schufen, einen Gott, der in seiner Allmacht, seiner Güte und Liebe alles so fügt, wie sie es sich wünschen mußten, um ihr Leben lebenswert zu gestalten, einen ansprechbaren Gott, der die Menschen erhört, ihnen Schutz, Trost und Geborgenheit bietet und ihnen über den Tod hinaus ewiges Leben schenkt.

Es drängt sich die Frage auf, wie sich trotz aller bitteren Erfahrungen und Enttäuschungen der Menschen in ihrem Leben der Glaube an einen solchen Gott durch alle Zeiten hindurch unverändert bewahren konnte.

Es ist der Glaube an die Offenbarung des einen einzigen Gottes des *Alten Testaments,* der Moses auf dem Berg Sinai seine Botschaft an das Volk Israel verkündet hat, während das *Neue Testament* erklärt, daß sich Gott den Menschen durch Jesus von Nazareth endgültig und unüberbietbar in einem einmaligen geschichtlichen Ereignis, der Kreuzigung Jesu, erschlossen hat.

Es ist der Glaube an die Offenbarung Gottes,

also daran, daß sich Gott Menschen erschlossen habe, welche seine Worte über sein Dasein und sein Wirken, über sein geheimnisvolles Wesen, über Schöpfung und Menschwerdung, als Überlieferung weitergaben.

„Wie kann einer seine eigene Meinung über die Dinge als Offenbarung empfinden", fragt Friedrich Nietzsche, und seine Antwort lautet: „Jedesmal hat es einen Menschen dabei gegeben, in welchem jener Vorgang möglich war. Die Voraussetzung ist, daß er vorher schon an Offenbarungen glaubte. Nun gewinnt er eines Tages plötzlich seinen neuen Gedanken, und das Beseligende einer eigenen, großen, Welt und Dasein umspannenden Hypothese tritt so gewaltig in sein Bewußtsein, daß er sich nicht als Schöpfer einer solchen Seligkeit zu fühlen wagt und die Ursache davon und wieder die Ursache der Ursache jenes Gedankens, seinem Gott zuschreibt: als dessen Offenbarung."[42])

Wieviele Offenbarungen gibt es?

Allein die Tatsache, daß mehrere von ihnen von jeweilig vorgeblichen Empfängern als „die einzigen wahren" bezeugt werden, müßte in jedem kritisch denkenden, die Wahrheit suchenden Menschen ernste Zweifel an allen überlieferten göttlichen Offenbarungen aufkommen lassen. Wenn es nur eine wahre gäbe? Welche sind als falsch anzusehen? Verblendet nicht das Licht der Wahrheit den die Wahrheit suchenden Verstand?

Sollte Gott in seiner Selbsterschließung die vorgeblichen Empfänger der Offenbarung bewußt irregeführt haben? Sollte er ihnen ein falsches Bild von sich, seiner Schöpfung, der Menschwerdung und dem Sündenfall offenbart haben, damit Wissende und Weise kommender Generationen ihn entlarven und ihm schwere Irrtümer und Unwahrheiten in bezug auf die Kosmologie, die Entstehungs- und Evolutionsgeschichte der Welt, der Erde, der Lebewesen und des Menschen nachweisen und ihn darüber hinaus verantwortlich machen für alle Leiden und Sünden, die er als Schöpfer hätte voraussehen müssen?

Nein! Eine bewußte Irreführung des Empfängers der Offenbarung wäre mit den Attributen eines allmächtigen, allwissenden und allgütigen Gottes unvereinbar.

Also kann keine Offenbarung Gottes, keine direkte Selbsterschließung oder Selbstzusage Gottes an Menschen erfolgt sein. Die Heiligen Schriften können deshalb auch nicht von Gott verfaßt und nicht von Gott an Menschen weitergegeben worden sein. Die vermeintlichen Botschaften oder Verheißungen Gottes *wurden von Menschen verfaßt* und von Menschen an Menschen weitergegeben. Ihrem Entstehen lag, neben moralischen Erfordernissen, im wesentlichen die Angst vor dem Dasein des biblischen Menschen und mit ihr verbunden — ich wiederhole — die verständliche Erwartung auf Beistand in Leid und Not, die Hoffnung auf ewiges Leben und nicht zuletzt auch das Fehlen jeder Möglichkeit einer Erklärung des Rätsels der Welt und des Lebens, des Werdens und Vergehens zugrunde.

Durch die vorgebliche Offenbarung eines solchen göttlichen Wesens konnte seine Existenz glaubhaft gemacht werden. Gott konnte für alles als Ursache und als Erklärung herangezogen werden, was der Mensch jener Zeit sich nicht logisch erklären konnte. Der Glaube an Gott konnte auch die Umdeutung von *unerwarteten und unerfreulichen* Geschehnissen zulassen, die Menschen nicht wahrhaben wollten, wie die Umdeutung von Unheil in Heil, Fluch in Segen, Tod in ewiges Leben. (Man denke an die erfolgte Umdeutung des Kreuztodes Jesu in eine Heilstat.)

Ebenso konnte eine *unerwartete erfreuliche* Wendung eines Geschehens aus einer völlig verzweifelten, ausweglos erschienenen Situation auf das Eingreifen Gottes zurückgeführt werden.(Man denke z. B. an den Auszug der Israeliten aus Ägypten, ein Geschehnis, auf dem sich die biblische Auffassung von der Offenbarung Gottes als Heilstat gründet.)

Die überlieferten Glaubenslehren haben sich in der menschlichen Geschichte jedoch als irrig und falsch erwiesen. Gott hat in das Schicksal der Menschen nicht eingegriffen. Im Widerstreit mit sich selbst haben die in ihrem Glauben gefangenen Menschen nicht den Mut und die Kraft gefunden zu bekennen, daß ihre Vernunft verwirft, was ihr Herz vorgibt zu glauben.

DER MENSCHENSOHN

Kann wirklich glaubhaft aufrechterhalten werden, daß ein allmächtiger Gott, Schöpfer und Vollender der Welt und des Lebens, der allgegenwärtig in allen Menschen manifest und offenbar ist, eines *Menschensohnes* als Mittler bedurfte, um sein Wort und seinen Willen an die Menschen weiterzugeben und sie von den Sünden zu erlösen, die sie durch ihre Geburt auf sich geladen hatten, damit keiner, der an ihn — den Menschensohn — glaubt, verlorengeht, sondern alle das ewige Leben haben und *durch ihn* — den Menschensohn — gerettet und erlöst werden?

Kann wirklich glaubhaft aufrechterhalten werden, daß sich ein in seiner unendlichen Größe und Vollkommenheit unfaßbarer, allmächtiger, allwissender Gott, den sündigen, unvollkommenen, dem Prozeß fortschreitender Entwicklung unterworfenen Menschen, als *Menschensohn* personifizieren mußte, damit sie, die sündigen, unvollkommenen Menschen, *an ihn,* den Menschensohn als ihresgleichen glauben, *um durch ihn als Menschensohn* erlöst zu werden?[43]

Gott, als Menschensohn personifiziert, heißt das nicht: Ebenbild Gottes? Lautet nicht das erste der Zehn

Gebote des Alten Testaments: „Ihr sollt euch von Gott kein Ebenbild oder Gleichnis schaffen und sie nicht anbeten, denn ich bin der Herr, euer Gott"? Die Wandlung dieses Gebotes wäre eine Verfehlung gegen Gott, Sünde und Frevel gewesen.

Kann weiter wirklich glaubhaft aufrechterhalten werden, daß Gott seinen göttlichen Mittler und Sachhalter auf Erden, in einem Mutterleib reifen, als Säugling zur Welt kommen und als Mensch, als sündigen, unvollkommenen Menschen heranwachsen lassen mußte, um ihn, den Verkünder seines kommenden Reiches, als Aufrührer und Rebellen den Heiden, den Feinden seines Volkes, durch die Stationen seines Leidens angespien, verspottet und gegeißelt, den Henkern an den Galgen auszuliefern, ihn am Kreuz hinrichten zu lassen, damit er, der Menschensohn, durch den Tod am Galgen, die Welt rettet und erlöst?[44])

Das übersteigt — so glaube ich — menschliches Begreifen!

Retter und Erlöser der Welt und der Menschen?

Retter wovor?

Erlöser wovon? Etwa vom Leben, das Gott den Menschen geschenkt hat, es zu leben und sich an ihm zu erfreuen?

Wenn der Tod Jesu am Kreuz als Opfertod, als Sühne für die Sünden der Menschen anzusehen ist, wo bleibt dann Gottes grenzenlose Barmherzigkeit und Gnade?

Hat Gnade einen Preis? Muß Gnade durch Opfer erkauft werden?

Waren die Verfehlungen der Menschen für Gott als den allmächtigen, allwissenden Schöpfer und Vollender der Welt nicht vorhersehbar? Oder wird Gott etwa eine Fehlleistung in seiner Schöpfung zugeschrieben, die eine nachträgliche, verspätete Rettung und Erlösung der Welt und der Menschen erforderlich machte?

Welt und Menschen sind jedoch bis heute offensichtlich weder vom Bösen noch vom Leid noch von Krankheit und Not in der Welt erlöst worden.

Weist der furchtbare Aufschrei Jesu am Kreuz: „Mein Gott, mein Gott, warum hast du mich verlassen", nicht darauf hin, daß Jesus alle Hoffnung aufgegeben hat, daß sein Glaube an Gott zusammengebrochen ist, daß er sich von Gott verlassen fühlte?

Das Wunder, mit dem Jesus gerechnet hatte, trat nicht ein. Ein sichtbares Zeichen der Heimkehr Jesu in Gott — seine Erlösung — blieb aus. Der Glaube an Gott als Erlöser der Menschheit hat sich an Jesus von Nazareth nicht erfüllt, die Offenbarung Gottes ist nicht erfolgt; Gottes Bekenntnis zu seinem Sohn hat sich nicht erwiesen, die Botschaft der Erlösung der Menschheit hat in keinem sichtbaren Zeichen Ausdruck gefunden.

Jesus wurde — wie die Evangelien berichten — in aller Stille in einer Felsengruft begraben. Am dritten Tag nach der Grablegung war das Grab leer. Die Apostel-

geschichte spricht von der Auferstehung Jesu von den Toten.

Tertullian (150—225), der Vater des abendländischen Christentums, der spätere große Häretiker, schrieb die berühmt gewordenen Worte:

> „Gekreuzigt wurde der Gottessohn;
> das ist keine Schande, weil es eine ist.
> Und gestorben ist der Gottessohn;
> das ist glaubwürdig, weil es ungereimt ist.
> Und begraben ist er auferstanden,
> das ist ganz sicher, weil es unmöglich ist."[45])

„Credo quia absurdum est." — Ich glaube, weil es widersinnig ist.

Die Auferstehung ist kein historisches Ereignis. Der Gedanke der Auferstehung hat erst in der Erscheinung Christi, die Paulus auf dem Wege nach Damaskus als Vision erfahren hatte, seinen eigentlichen Ursprung gefunden. In seinem Korinther-Brief (1 Kor. 15.14.) heißt es:

> „Ist aber Christus nicht auferweckt worden, so
> ist unsere Predigt leer, leer auch unser Glaube."

Die Vorstellung einer Auferstehung von Toten in ihrer leiblichen und geistigen Ursprünglichkeit widerspricht den Naturgesetzen. Sie ist mit den heutigen wissenschaftlichen Erkenntnissen unvereinbar. Der Auferstehungs- oder Auferweckungsglaube ist nur als *Glaubensgeschehen* verständlich. Das Osterereignis ist kein historisches Ereignis.[46])

Man kann die Erfordernisse der Kirche verstehen, die Auferstehung Christi als wahre historische Begebenheit aufrechtzuerhalten. Die institutionelle Kirche kann sich nur behaupten, wenn sie an der Auferstehung Christi festhält und das Unmögliche als wahres historisches Ereignis hinstellt, sonst fällt das Herzstück des christlichen Glaubens zusammen.

Was die Identifikation eines Menschen mit Gott anlangt, muß festgehalten werden:

Ein Mensch mag wohl in irgendeiner vergangenen geschichtlichen Epoche als Heiliger, als Seher oder Prophet, als Führer einer Rebellion im Glauben an Gott gewirkt und von seinem Volk verehrt worden sein. Eine Identifikation mit Gott jedoch widerspräche dem Begriff „Menschensohn" als „Gottessohn" und dem Begriff „Gott".

Aufgrund geschichtlicher Jesu-Forschung steht heute fest, daß der Rabbi Jesus von Nazareth sich *niemals* auch nur andeutungsweise als „Gottessohn" angesehen hat. Das wäre auch mit seinem jüdischen Glauben unvereinbar gewesen.

Goethe bekannte im „Westöstlichen Divan":

> „Jesus fühlte rein und dachte
> Nur den einen Gott im stillen;
> Wer ihn selbst zum Gotte machte
> Kränkte seinen heiligen Willen."[47]

Diese Ansicht vertreten auch zahlreiche Historiker, Philosophen und Theologen. Karl Jaspers meinte z. B., Jesus hätte es „als Gotteslästerung" empfunden, sich für den Sohn Gottes zu halten.[48]) Auch namhafte Philosophen, wie Kant, Fichte, Schelling, bedeutende Dichter, wie Herder und Lessing, viele fortschrittliche Theologen, wie Dibelius, Bultmann, Conzelmann, Zahrnt und Küng, berühmte Historiker, wie A. von Harnack u. v. a., vertreten die Ansicht, daß Jesus sich *niemals* als Sohn Gottes angesehen oder selbst verkündet hat.

Jesus war und blieb, als gläubiger Jude, sein ganzes Leben und Wirken das, was er geglaubt, gepredigt und getan hat, nicht aber das, was nach seinem Tode über ihn gesagt, ihm in den Mund gelegt und ihm als Wunder zugeschrieben wurde.[49]) Die meisten Theologen sind sich heute einig darin, daß Jesu-Aussprüche, wie sie im Johannes-Evangelium überliefert sind, nicht von Jesus stammen können.

Jesus verkündete die Botschaft der Liebe in der Begegnung mit dem Nächsten und in der Begegnung mit dem Feind. Übersehen wir jedoch nicht, daß die Zeit, in der er lebte, eine Zeit rücksichtsloser Unterdrückung des Heiligen Landes durch die römische Besatzungsmacht war, eine Zeit bürgerlicher und sozialer Unruhen, eine Zeit der Verfolgung und Rebellion. Jesus unterstützte den Widerstand gegen die römische Herrschaft. Als Messias verkündete er das Kommen des Reiches Gottes und den Untergang der Herrscher der Welt. Das war für die Römer politischer Zündstoff.

Die Verurteilung und Kreuzigung Jesu erfolgte aufgrund der Anklage wegen Aufwiegelung des Volkes gegen die römische Herrschaft. Er wurde von den Römern als Rebell, als „selbstgekrönter König der Juden" angesehen und als solcher verhöhnt und gekreuzigt. Die Aufschrift am Kreuz „I.N.R.J." — Jesus Nazarenus Rex Judaeorum — weist eindeutig darauf hin, daß die Römer mit der Kreuzigung Jesu den Machtanspruch der Juden vernichtend treffen wollten. Die Kreuzigung Jesu hatte nichts mit seinem religiösen Glauben zu tun, sondern ausschließlich mit seiner aufwieglerischen Tätigkeit gegen die römische Herrschaft. Darum mußten seine Jünger, die Anhänger seines messianischen Glaubens, nach der Kreuzigung vorerst fliehen und die Rolle Jesu als Aufwiegler leugnen oder zumindest herunterspielen, um nicht selbst in Gefahr zu kommen, verfolgt, verhaftet und verurteilt zu werden.

Das Leben Jesu, sein Tun und Wirken, wurde von den Historikern seiner Zeit nirgends beschrieben. Jesus selbst hat keine schriftlichen Aufzeichnungen hinterlassen. Seine vom jüdischen Glauben geprägte Lehre hat er seinen Jüngern durch sein gesprochenes Wort verkündet. Diese einfachen, unwissenden Männer aus dem Volk, Zöllner, Fischer, Handwerker, wundergläubig, von der Naherwartung des Reiches Gottes ergriffen, haben sein gesprochenes Wort, seine Bilder und Gleichnisse, soweit sie sie sinngemäß verstehen konnten, in die eigenen einfachen Worte ihrer Umgangssprache gekleidet, mündlich weitergegeben. Das mußte zu einer Verzerrung und Verdunkelung der Aussprüche Jesu führen, wozu die notwendig gewordene Retusche des Bildes Jesu als Aufwiegler noch beigetragen haben mag. Es ist daher verständlich, daß die Worte Jesu nicht wort- und sinngetreu wiedergegeben wurden und sich Wahres und Falsches vermengt hat.

Erst nach der Zerstörung des Tempels in Jerusalem durch Titus (70 n. Ch.), vierzig Jahre nach der Kreuzigung Jesu, als der jüdische Widerstand schon gebrochen war, entstanden die ersten Niederschriften der überlieferten Lehre, außerhalb des Heiligen Landes, im heidnischen Ausland. Der Zeitgeist war inzwischen ein anderer geworden, als er zur Zeit Jesu herrschte. Die Evangelien sind in Griechisch von römischen Bürgern geschrieben worden, die schon im hellenistischen Geist und Denken im Römischen Imperium aufgewachsen waren, nicht unbedingt von jenen, denen sie zugeschrieben sind. Keiner der Evangelisten war Augenzeuge der historischen Geschehnisse gewesen.

Übersehen wir nicht, daß die Evangelisten begreiflicherweise bemüht waren, Rom für die politischen Geschehnisse im Heiligen Land zu entlasten, um den Evangelien die Aufnahme und Annahme im Römischen Reich zu ermöglichen. Es war daher naheliegend, die Verantwortung für die Geschehnisse den Juden als Sündenbock zuzuschreiben. Die aus dieser Bemühung erwachsene Intoleranz ist die Ursache des Antisemitismus.

Das Bild, das die Evangelien von Jesus und seiner Zeit geben, entspricht daher den Erfordernissen gezielter Interessen, die Römer von der Kreuzigung reinzuwaschen. Sie erhielten die Auslegung, die man ihnen geben wollte, den Zweck, den sie erfüllen sollten. Die Evangelien entstellen deshalb die historische Wahrheit und sind voller Irrtümer, Widersprüche und Fälschungen.

Die Fälschungen begannen schon im 2. Jh. Im 4. Jh. jedoch sind entscheidende Abstriche, Zusätze und Änderungen in den Evangelien vorgenommen worden. Das Neue Testament, wie es heute textlich vorliegt, ist im wesentlichen ein Produkt des 4. Jahrhunderts.

Die Echtheit der Evangelien ist schon deshalb nach ihrem Entstehen selbst von führenden Kirchenfürsten angezweifelt worden. Der große Kirchenlehrer Augustin (354—430) bekannte zum Beispiel:

> „Wahrlich, wäre es nicht wegen der Autorität der Kirche, so würde ich den Evangelien keinen Glauben schenken."

Karlheinz Deschner schreibt dazu treffend:

> „Augustin gründet also die Glaubwürdigkeit der Evangelien auf die Autorität der Kirche. Die Kirche aber begründet ihren Autoritätsanspruch mit dem Hinweis auf die Evangelien."[50])

Erst nach dem Tode Jesu ist aus dem Juden Jesus ein Christ gemacht worden. Hätte Jesus einzelne der Aussprüche getan, die man ihm zugeschrieben hat, wäre er nach dem jüdischen Glauben zu Lebzeiten gesteinigt worden.

Den Begründern des Christentums ging es nicht darum, geschichtliche Tatsachen und Zusammenhänge aufzuzeigen, sondern den Mythos aufzubauen, der den Glauben an die Gottheit Jesu begründet und festigt. Dieser Mythos ist zum Herzstück des christlichen Glaubens geworden. Die Suche nach dem historischen Jesus hätte ihm die Substanz entzogen.

> „Wenn Kirche und Theologie wirklich den historischen Rabbi Jesu meinen", schreibt Johannes Lehmann in seinem „Christus Report", „sie müßten ihn als einen Mann schildern, der durch und durch Jude war und unter dem Kommen des Reiches Gottes kein geistiges Ereignis, sondern die durch Frömmigkeit herbeigezwungene Selbständigkeit des auserwählten jüdischen Volkes verstand; der Jahwe als Vater anredete, weil Gott sich nach den Berichten der Bibel selbst als Vater der Kinder Israel bezeichnet hatte, dem es aber als Juden nie eingefallen wäre, sich selbst als leiblichen Sohn Gottes anzusehen und als Mittler zwischen Mensch und Gott aufzutreten."[51])

Das Christentum ist mit Paulus etwas anderes geworden, als es Jesus von Nazareth zugeschrieben wurde, etwas anderes, als es die Jünger von Jesus verkündet hatten. Der eigentliche Begründer des Christentums ist Paulus, der Jesus nicht persönlich kannte.

> „Aus dem geschichtlichen jüdischen Messias", schreibt Johannes Lehmann, „macht er (Paulus) den Sieger Christus, aus dem Getöteten den Lebenden, aus dem Menschensohn den Gottessohn."[52])

Hier wird ein Zeichen des Fluches des Gehenkten am Galgen in ein Zeichen des Segens des Gekreuzigten am

Kreuz, in ein Geschenk Gottes, in die Sühne der Sünden, in die Erlösung und Vollendung der Menschen umgewandelt.

In der Epistel des Apostels Paulus an die Galater heißt es:

> „Christus aber hat uns erlöst von dem Fluch des Gesetzes, da er ward ein Fluch für uns, denn es steht geschrieben, verflucht ist jedermann der am Holz hängt." (Galater 3.13.) Und in der Epistel an die Römer: „Er, der seinen eigenen Sohn nicht verschont, sondern ihn für uns alle hingegeben hat, wie sollte er uns mit ihm nicht alles schenken." (Röm. 8.32.)

Man kann, wenn man die Härte eines Geschehens nicht wahrhaben will, dessen Motiv, wie gesagt, umdeuten, den Ereignissen andere, beschönigende Beweggründe zu geben versuchen; aber der entsetzliche Tod des von Gott verlassenen „Gottessohnes" läßt sich nicht gut als Opfer für die Rettung der Menschheit glaubhaft machen, insbesondere, wenn außer Zweifel steht, daß die Kreuzigung als Strafe für einen politischen Rebellen erfolgte. Das Kreuz des Gekreuzigten gilt, wie der Galgen eines Gehenkten, als Fluch. Ein Fluch aber kann nicht in einen Segen umgedeutet werden. *Das Kreuz ist kein Symbol des Lebens, sondern das eines gewaltsamen Todes. Das Kreuz ist kein Trost und keine Verheißung von Heil.*

Man kann den Glauben an die Erlösung der Menschen, ihr Eingehen in ein ewiges Leben, nicht damit in Verbindung bringen, daß sich diese Erlösung im Tode Jesu am Kreuz erwiesen hat. Das Wunder ist nicht bezeugt. Aber die Umdeutung hat sich durchgesetzt. Sie ist das Herzstück eines neuen Glaubens, des Christentums geworden.

Jesus von Nazareth, der Menschensohn, der bis zu seinem Tode am Kreuz nur den einen einzigen Gott, den Gott seiner Väter, den Gott Israels, angesprochen und angebetet hat, ist durch seinen Tod am Kreuz zum „Erlöser der Menschheit" gemacht worden. Der Glaube Jesu an den einen einzigen Gott ist in einen Glauben an Jesus „den Erlöser" umgewandelt worden. Nach seinem Tode, zum Christen gemacht, wird der Rabbi Jesus von Nazareth als göttliches Wesen angebetet und in Bild, in Holz und Stein als Mensch gekreuzigt dargestellt, angesprochen und als Gott verehrt, und das Kreuz als solches wird zum Sinnbild des Heils, Talisman der Geborgenheit.

Aus dem Rabbi Jesus von Nazareth ist in der Umdeutung seines Kreuztodes ein anderer gemacht worden. Jesus von Nazareth ist seine Identität genommen, er ist zu Christus, zu Gott, „Gott gleich Gott, eins mit Gott" gemacht worden.

Die Umdeutung ist zu einer neuen Offenbarung und Verheißung geworden. Der Glaube an die Umdeutung hat ein neues Irrlicht entzündet.

UNFEHLBAR?

Keiner ist im Besitz absoluter, irrtumsfreier Wahrheit.

Unser Wissen und unsere Erkenntnisse sind dauernder Wandlung und Entwicklung unterworfen. Unserem Denken und Forschen sind Grenzen gesetzt. Das fortschreitende Wissen korrigiert nur vergangene Irrtümer. Wir müssen aufhören, an starren, versteinerten Dogmen festzuhalten. Wir müssen vor allem mit den irrigen Anschauungen und Vorurteilen aufräumen, die uns in unserer Kindheit eingeflüstert wurden, und müssen mit den Ergebnissen der Forschung, mit den Erkenntnissen der Wissenschaft Schritt halten.

Jede Religion behauptet von sich, die einzig wahre und alleinseligmachende zu sein. Das erklärt die Verhärtung der Vorurteile, die Rivalität der bestehenden Religionen, den leidenschaftlichen Streit, welche von ihnen im Besitz der Wahrheit sei, und das fanatische Festhalten an ihren Glaubenslehren und Werturteilen, bis zur grenzenlosen Unduldsamkeit und zur starrsinnigen Bekämpfung Andersgläubiger.

Keine Religion kann darauf Anspruch erheben, die einzig wahre und alleinseligmachende zu sein.

B. H. Bon, ein buddhistischer Wanderprediger, hat die Antwort auf die Frage, ob eines der bekannten Glaubensbekenntnisse darauf Anspruch erheben könne, im alleinigen Besitz der Wahrheit zu sein, so formuliert:

„Die Allgemeingültigkeit einer Religion hängt von der allgemeinen Nachlebbarkeit ihrer Inhalte ab und nicht von einem abstrakten ‚Wahrheitsgehalt'. Es gibt somit keine Religion, die Anspruch auf den alleinigen Besitz der Wahrheit erheben kann und ebensowenig auf den alleinigen Besitz der allen Menschen zugänglichen Tiefenerlebnisse. Dieses Tiefenerlebnis... ist jene innere Gewißheit, die wir ‚Glauben' nennen: Glauben, nicht im Sinne bloßen Fürwahrhaltens eines Dogmas oder einer nicht nachprüfbaren Offenbarung, sondern als eine ‚Richtung des Herzens'."[53])

Die Religionen leben seit Jahrtausenden davon, den Menschen Auffassungen aufzuzwingen, die in der Zeit ihres Entstehens sinnvoll und beglückend gewesen sein mögen, jedoch im Laufe fortschreitender geistiger Aufklärung jeder Vernunft hohnsprechen.

„Die alten, uns überlieferten biblischen Vorstellungen haben jede Nützlichkeit verloren", schreibt Julian Huxley, „das Ideengut kann nicht mehr zusammengeleimt werden, so daß es unter der immer drückenderen Last der Tatsachen zusammenbricht und eine Neukonstruktion sich als unerläßlich erweist."[54])

Das ganze frühere Weltbild ist unter den Erkenntnissen der modernen Kosmologie, der Abstammungs- und Entwicklungslehre, der Biologie und Atomphysik zusammengebrochen. Hat der Mensch diesen Zusammenbruch noch nicht verkraftet?

Konnte er die Widersprüche zwischen dem, was ihm in seiner frühen Kindheit als „geoffenbarte Wahrheiten" eingetrichtert wurde, und dem, was er im Leben an objektiven Erfahrungen und Erkenntnissen, als Urteil der Geschichte gewonnen hat, noch nicht erkennen und als Produkt von Unwissenheit und Aberglauben ausscheiden?

Die Glaubenslehre fordert, daß der Mensch auf die Offenbarung der Wahrheit im Glauben, *nicht in der Einsicht* seine Antwort zu geben hat. Quellen der Offenbarung sind die Heiligen Schriften und die Überlieferung, deren Inhalt als „irrtumsfrei und unfehlbar für alle Zeiten" dargelegt und festgelegt gilt!

„In der Kirche", erklärte die Glaubenskongregation, das Sanctum Offizium, noch am 30. 3. 1974, „gibt es ein anderes Kriterium als ein Urteil der Geschichte: Dies ist die Autorität des lebendigen Lehramtes, die zum Dienst an der geoffenbarten Wahrheit eingesetzt ist. Hinsichtlich der Unfehlbarkeit der Kirche und des Papstes beruft sich die Erklärung ‚Mysterium Ecclesiae' auf ein definiertes Dogma; es ist nicht einzusehen, wie man eine solche Lehre dem ‚Urteil' der Zukunft überlassen könnte."[55])

Das ist dekretiert! Der Mensch hat nicht zu denken, er hat im Glauben und nicht in der Einsicht Antwort zu geben. Die Kirche denkt für ihn!

„In Zeiten blinden und unwissenden Glaubens", schreibt Alighiero Tondi, „hat die Kirche festgesetzt, daß die Schriften, besonders die des Neuen Testaments, vollständig und authentisch und wahrhaftig zu gelten haben. Heute kann sie daher nicht mehr umkehren. Die Ergebnisse der modernen Wissenschaft müssen abgelehnt, als falsch bewiesen werden, andererseits müssen die irrigen Entscheidungen der Kirche als wahr bewiesen werden."[56])

In der Tat ist, was die Wahrheit der Heiligen Schrift anlangt, im Zweiten Vatikanischen Konzil festgehalten worden, „daß die Bücher der Bibel *unfehlbar* die Wahrheit vermitteln, die Gott unserer Erlösung willen in den Heiligen Schriften niedergelegt hat".[57])

Die als Dogma erklärte Unfehlbarkeit des Lehramtes der Kirche blockiert die Abkehr von allen Mythen, von allen Irrtümern und Fälschungen der Glaubensgeschichte und verlegt das Einlenken in den Weg der Erkenntnis, des Wissens und der wahren Sinngebung des Lebens.

Niemand ist unfehlbar!

Allein ein Gott, ein allmächtiger, allwissender und allgegenwärtiger Gott — wenn es einen solchen gäbe — wäre als unfehlbar anzusehen, er allein wäre frei von Irrtümern. Menschen aber können irren, irregeführt werden und andere irreführen; sie können sich täuschen, getäuscht werden und andere täuschen. Niemand ist unfehlbar! Auch die religiösen Institutionen, ihre Lehrämter und ihre Vertreter nicht. Wir sind alle nur Menschen, keiner ist ein Sendbote Gottes.

IRRTUM, SCHULD UND SÜNDE
DER KIRCHE

DER HÖLLENGLAUBE

Die Kirche fürchtet Fortschritt und Wissen, weil Fortschritt und Wissen ihre Glaubenslehre gefährden. Sie bekämpfte deshalb, um nur einige Namen zu nennen: Kopernikus, Giordano Bruno, Galileo Galilei, Descartes, Darwin, Teilhard de Chardin, Bertrand Russell, Albert Einstein, Sigmund Freud sowie den mehrfach zitierten Theologen Hans Küng.

Pius XII. hat noch 1941, ein Jahrhundert nach der Veröffentlichung von Darwins „Origin of species", in einer Ansprache an die Mitglieder der Päpstlichen Akademie der Wissenschaften behauptet, der Ursprung des Menschenlebens aus tierischen Vorfahren sei unbewiesen, es sei an der unmittelbaren Erschaffung der Menschenseele durch Gott und am Ursprung des gesamten Menschengeschlechtes aus einem einzigen Menschenpaar festzuhalten und in jedem Falle dem Urteil des kirchlichen Lehramts zu folgen.[58])

Dieser von seiner Unfehlbarkeit besessene Papst ging in seiner Ansprache vom 5. Februar 1955 an die katholischen Juristen Italiens sogar so weit zu erklären:

> „Gott hätte auch im Jenseits eine andere Strafform als die Hölle wählen können. Er wollte aber die Hölle, die ewigen Höllen. Das Faktum der Unveränderlichkeit und Ewigkeit der Höllenstrafe steht außerhalb jeder Diskussion. Der oberste Gesetzgeber, GOTT, hat hier von seiner allerhöchsten Macht Gebrauch gemacht und läßt keine Änderung zu. Deshalb ist diese grenzenlose Dauer der Höllenstrafe geltendes Recht."[59])

Hier wird im zwanzigsten Jahrhundert wiederholt, was in der finstersten Zeit des Mittelalters, auf der Synode von Konstantinopel 543, definiert wurde, nämlich, daß die Höllenstrafe für den Menschen nicht etwa nur zeitlich verhängt ist, sondern unbegrenzt, ewige Gültigkeit hat. „Gott hat hier von seiner allerhöchsten Macht Gebrauch gemacht und läßt keine Änderung zu!" Das heißt, ein Mensch wird wegen einer Sünde, eines Verbrechens, wegen seines Unglaubens, für ewig verdammt, für ewig gequält, ohne Aussicht auf Erlösung.

> „Erschreckend wird uns heute immer stärker bewußt", schreibt Hans Küng, „daß alles dies nichts, aber auch gar nichts zu tun hat mit dem, in dessen Namen dies alles inszeniert wird: Jesus aus Nazareth. Nein, niemand wird sagen können, daß er dies alles gewollt habe."[60])

Mit der Wiederbelebung des Höllenglaubens ist der Geist der Bergpredigt mit Füßen getreten, sind Unfriede und Unversöhnlichkeit, Haß und Rache im Namen

Gottes gesät worden. Wer die Höllenstrafe dekretiert hat und sie noch heute für „geltendes Recht" hält,

> „der konnte gar nicht anders, als auch seinerseits alle Heiden, Juden und Ketzer ... für daseinsunwürdig und lebensunwert halten".[61])

Getreu dem Neuen Testament und der versteinerten Tradition der Kirche verkündet die Päpstliche Glaubenskongregation *noch heute,* daß Himmel und Hölle, ewige Glückseligkeit und ewige Verdammnis geltendes Recht sind. Sie hält noch heute am geozentrischen Weltbild fest, an der Erschaffung des Menschen als Krone der Schöpfung, an der Erbsünde, an der Erlösung des Menschen vom Leben durch den Tod, am leiblichen Fortleben nach dem Tode und der Auferstehung aller Toten am Tage des Jüngsten Gerichts. Sie lehnt, in der sich selbst auferlegten Erstarrung gegen alle immer lauter werdenden Reformbewegungen, jeden Fortschritt und damit die Anpassung an die heutige Welt ab, in voller Kenntnis der Widersprüche und Gegensätze ihrer Glaubenslehre zum heutigen Stand des Wissens.

DER VERRAT AM EVANGELIUM

Man könnte mir entgegenhalten, daß die Verkündigung der Heilsbotschaft, ungeachtet allem Aberglauben und aller Wahnvorstellungen, Liebe in die Herzen der Menschen gesenkt und dazu beigetragen hat, die Menschen zu einen, in Liebe und Frieden zusammenzuleben. Ich kann nur, in völliger Übereinstimmung mit vielen Historikern, Theologen und vorurteilsfreien Gläubigen, tief beschämt bekennen, daß dies *nicht* erfolgt ist, daß der Name Gottes schändlich mißbraucht und die Glaubenslehre mit Füßen getreten wurde.

In blindem Eifer, in lodernder Leidenschaft, in verbohrtem Haß und fanatischer Unduldsamkeit sind im Namen Gottes in blutigen Massakern und bestialischen Pogromen Menschen geschlagen, gemordet und ihres Besitzes beraubt worden. Gläubige sind zu Kriegen gegen Andersgläubige aufgerufen und verführt worden, im Zeichen des Kreuzes Menschen zu foltern und in Autodafés auf Scheiterhaufen lebend zu verbrennen. Statt Liebe und Duldsamkeit sind Haß und Unduldsamkeit gesät worden. Statt die Freiheit des Glaubens und des Gewissens zu verkünden, haben Glaubens- und Gewissenszwang die Herzen der Menschen vergiftet und den Geist geknebelt und gelähmt.

„Cogite entrare" — nötige sie hereinzukommen —

forderte der große Kirchenvater Augustin (350—436), den Glauben der Kirche anzunehmen.

„Cogite entrare" war die verderbliche und schuldvolle Parole, das blutige Finale aller Verbrechen und Gewalttaten, die aus religiöser Unduldsamkeit begangen wurden.

> „Selten kam eine verderblichere Losung über die Lippen eines Christen", schreibt der Theologe Walter Nigg, „und daß es diejenigen eines erleuchteten Christen waren, machte die Angelegenheit noch tragischer und schuldvoller ... damals erlitt der christliche Wagen einen Achsenbruch, der niemals mehr repariert werden konnte."[62])

Wenn es jemals einen Sündenfall gegeben hat, dann war es der verfügte Glaubens- und Gewissenszwang mit seinen furchtbaren Folgen und die schuldhafte Berufung auf Gott.

War das nicht Verrat am Evangelium?

War das nicht Verfehlung gegen Gott?

War das nicht totale geistige Finsternis, die sich über die Erde gesenkt hat?

„Deus le volt" — Gott will es!

Mit diesen verhängnisvollen Worten rief Papst Urban II. (1095) zum Heiligen Krieg gegen die Ungläubigen auf!

Im Namen Gottes sind Gläubige aus religiöser Intoleranz zu Kreuzzügen und Glaubenskriegen aufgerufen, sind Inquisitionsgerichte zur Aufsuchung und Bestrafung Abtrünniger und Ungläubiger geschaffen worden.

Im Namen Gottes ist in grausamer Weise geraubt, geplündert und geschändet worden, Gläubige im Kampf gegen Ungläubige, gegen Abtrünnige des Glaubens und gegen eigene Glaubensbrüder, und diese Schandtaten wurden auch noch zum höheren Ruhme Gottes, „ad majorem Dei gloriam", gesegnet!

Die Saat religiöser Unduldsamkeit hatte eine verhängnisvolle Ernte. Es gab nichts anderes mehr als Mord und Brand, Plünderung, Folter und Tod. Und als Krönung der Verirrungen stand der Ablaß aller Sünden der Schuldigen!

> „Angesichts dieses Sündenfalls", schreibt Walter Nigg, „ist es mehr als fraglich, ob sie (die Kirche) noch weiter den Anspruch als Vertreter Gottes auf Erden zu gelten zu Recht erheben darf . . . der bohrende Zweifel nistet sich in das Herz der denkenden Menschen, ob das Christentum wirklich die von Gott geoffenbarte Wahrheit sei."[63]

Die Berufung auf Gott rechtfertigt die Greuel nicht, die in seinem Namen begangen wurden.

Wer darf sich anmaßen, Gottes Willen zu kennen?

Wer darf sich anmaßen, im Namen Gottes Unduldsamkeit und Haß zu säen, Mord und Brand, Folter und Tod zu fordern, oder auch nur mitanzusehen und stillschweigend zu dulden?

Wer darf sich anmaßen, im Namen Gottes das geschändete Leben der Opfer zu verdammen, die Schuldigen zu segnen und Ablaß zu gewähren?

Erschreckend groß ist die Zahl der Opfer! Erinnert sei nur an die barbarischen Kreuzzüge; an die Greuel, die Plünderungen und das Blutbad in Jerusalem und Konstantinopel; an die grausamen Kreuzzüge gegen die ketzerischen Albigenser und Katharer; an die Inquisition, ihre unmenschlichen Folterungen und brennenden Scheiterhaufen; an die grausame Vertreibung der Juden aus Spanien und Portugal; an die Massaker der Konquistadoren in Westindien; an die grausamen Hugenotten-Verfolgungen, das Blutbad von Vassy und die Bartholomäusnacht; die unmenschlichen Pogrome; die Ketzer- und Hexenverfolgungen und die unzähligen anderen entsetzlichen Verbrechen und Greuel unserer Zeit.

„Warum soll ich hier nicht sagen", schreibt A. Camus, „was ich anderen Orts geschrieben habe? Während jener Jahre des Schreckens habe ich lange Zeit darauf gewartet, daß sich in Rom eine laute Stimme erhöbe. Ich, der Ungläubige? Eben deshalb. Denn ich wußte, daß der Geist verloren gehen mußte, wenn er angesichts der Gewalt nicht den Schrei der Verdammung ausstieß. Es heißt, diese Stimme sei laut geworden. Aber ich schwöre Ihnen, daß Millionen Menschen, wie ich selbst, sie nicht gehört haben und daß sich deshalb in allen Herzen, ob gläubig oder ungläubig, eine Einsamkeit einnistete, die immer weiter um sich griff, je mehr Zeit verstrich und je zahlreicher die Henker wurden."[64])

War das nicht Verrat am Evangelium?

War das nicht ein grobes Verbrechen der Kirche gegen ihren Berufungsanspruch, Frieden, Liebe und Brüderlichkeit zu verkünden?

Warum hat Gott das alles zugelassen?

Mit fanatischer Unduldsamkeit kann Liebe nicht in die Herzen der Menschen gesenkt werden. Zu viele Verbrechen und Greueltaten sind schon im Namen Gottes begangen worden, Verbrechen gegen den eigenen Glauben, Verbrechen gegen das höchste Gut des Menschen: gegen das Leben.

Blutgetränkt ist die Erde! Unmenschlichkeit, Terror, Greuel und Grausamkeit sind die Geschichte der Menschheit, in der Verkündigung und Verteidigung ihres Gottes.

Das Bekenntnis des Irrtums, der Schuld und der Sünde der Kirche ist bis heute nicht erfolgt. Die Kirche ist von den Grundsätzen, die jahrhundertelang galten und noch heute gelten, nicht abgewichen. Sie ist aus der selbstgesuchten Vermauerung nicht ausgebrochen. Sie will den Eindruck erwecken, daß sie nicht geirrt hat, nicht geirrt haben konnte.

Das Sündenbekenntnis der Kirche ist als Selbstanklage von den Vätern des Zweiten Vatikanischen Konzils (1962—1965) als eine „unzulässige theologisch-historische Verunglimpfung der Kirche" scharf mißbilligt worden, obgleich viele Konzilväter ein unumwundeneres Sündenbekenntnis gewünscht hätten.

„Wir müssen jedenfalls vermeiden", erklärte Kardinal Ottaviani, Chef des Heiligen Offiziums, „daß die Kirche von den Grundsätzen abweicht, die jahrhundertelang galten, man könnte ja sonst den Eindruck bekommen, daß sich die Kirche früher geirrt habe."[65])

Die vielfach beschriebenen, dokumentarisch belegten geschichtlichen Ereignisse bezeugen allerdings unleugbar, daß sich die Kirche durch ihre Halsstarrigkeit nicht nur geirrt, sondern auch gesündigt und schwere Schuld auf sich geladen hat. Ihre sündige Vergangenheit hat sie heute zu bewältigen. Es ist Zeit für sie zu erwachen, umzudenken und Reue zu bekennen, Toleranz zu üben und wahre Liebe in die Herzen der Menschen zu senken.

Nur durch radikale Selbstbesinnung, nur durch ein Bekenntnis des Irrtums, der Schuld und der Sünde, wäre eine Läuterung und ein Neubeginn der Kirche möglich, nur durch ein Bekenntnis zur Wahrheit, zum Fortschritt, zu den Erkenntnissen des Wissens und zur Neubewertung des Lebens. Solange das Bekenntnis der

Schuld nicht erfolgt ist, werden Zweifel an ihre Heilsbotschaft die Menschen verunsichern und den Sinn ihres Lebens in Frage stellen.

„Die Christenheit wird keinen Segen mehr erleben" — schreibt Walter Nigg —, „bis sie endlich einmal aus tiefster Überzeugung die Sünde der Inquisition offen bekennt und jeglicher Gewalt auf religiösem Gebiet ehrlich und vorbehaltslos abgeschworen hat."[66])

Die Kirche verharrt jedoch im Irrtum.

Trotz aller immer lauter werdenden Forderungen nach längst überfälligen Reformen hält sie beharrlich weiter an Glaubenslehren und Dogmen fest, die Sinn und Wert des Lebens mindern, jeder Vernunft und Erfahrung widersprechen und sich längst als unhaltbar erwiesen haben. Sie mißachtet alle fundamentalen Erkenntnisse der modernen Naturwissenschaften, alle längst erwiesenen Erkenntnisse der Kosmologie, der Biologie und Physik. Sie verführt die Gläubigen, nicht selbst zu denken, ihr blindes Vertrauen zu schenken und zu glauben, was sie zu glauben lehrt. Je größer der Irrtum und die Verfälschung der Wahrheit ist, desto vehementer wird an ihr festgehalten, weil sonst das ganze Lehrgebäude in sich zusammenbrechen würde.

Wird die Kirche jemals zugeben, gegen besseres Wissen, Irrtümer und Verfälschungen der Wahrheit aufrechterhalten zu haben, um an der Macht zu bleiben? Wird sie jemals Schuld und Sünde bekennen und sich selbst auflösen?

„Niemand wird annehmen", schreibt Johannes Lehmann, „daß sich die Kirchen jemals ‚aus gegebenem Anlaß' irrtumshalber auflösen. Das wäre eine Illusion, auch wenn die Auflösung noch so berechtigt wäre. Aber ich meine, sie sollten ehrlich sein und entweder zugeben, daß sie umzudenken haben oder daß sie sich mit einem neuen ‚Glaubensbekenntnis' von der irreführenden Vorstellung lösen, sie verträten noch die wahren und ursprünglichen Ziele und Absichten des Mannes, nach dem sie sich nennen. Das wäre ein ehrlicher Entschluß und deswegen muß nicht unredlich sein, was die Kichen auch dann noch als Religion bezeichnen."[67])

DER VERRAT AM LEBEN

Können wir Menschen an einen Gott glauben, in dessen Namen Haß und Unduldsamkeit gesät wird?

Können wir Menschen an einen Gott glauben, der die Ausübung von Verbrechen seiner Kinder an seinen Kindern duldet und teilnahmslos zusieht, wie sie sich gegenseitig kaltblütig umbringen und zur gegenseitigen Abschreckung immer neue, immer teuflischere Vernichtungsmethoden ersinnen, die, in geistiger Verblendung angewendet, das Ende der Menschheit und allen Lebens auf dieser Erde herbeiführen würden?

Wo bleibt Gott?

Ist es nicht an der Zeit, nach allen seit dem Beginn des erwachenden Denkens gewonnenen Erkenntnissen der Menschheit, den einfältigen, kindlichen Glauben aufzugeben, daß Welt und Leben nach biblischer Darstellung erschaffen wurden und der Mensch im Schoße eines allgütigen Gottes ruht, dem das Wohl und Heil des Menschen am Herzen liegt?

Ist es nicht an der Zeit, sich von der bedrückenden Vorstellung zu befreien, daß das Leben des Menschen von der Geburt an mit einem Fluch seines eigenen Schöpfers belastet ist, und zu erkennen, daß die Zielsetzung einer solchen Heilslehre die Herabminderung der Lebenswerte, die Abtötung natürlicher Instinkte, Triebe und

Leidenschaften bedeutet, die zur Verneinung des Lebens führen?

Ist es nicht an der Zeit zu erkennen, daß das Leben Sinn fordert, daß der Mensch es sinnvoll gestalten muß, um ihm Inhalt, Wert und Leuchtkraft zu geben, und zu erkennen, daß der Mensch befreit werden muß von allen Irrungen und Verführungen des Geistes, die zur Verkümmerung des Lebens führen?

Ist es nicht heller Wahnsinn, aus dogmatischer Introvertiertheit die Erfahrungen des eigenen Lebens, gewonnene Erkenntnisse und erworbenes Wissen zu verdrängen oder gar zu verleugnen, um Vor- und Fehlurteile und starre Dogmen aufrecht zu halten, bloß weil sie dem Menschen in seiner frühen Kindheit eingeimpft wurden, sich in ihm verwurzelt haben und sein ganzes Leben nachwirken?

Führt das alles nicht zur Verleumdung und zur Verneinung des Lebens?

Leben wir noch immer in der unsinnigen Vorstellung, daß das Leben auf dieser Erde nur eine Prüfung und Bewährung für ein künftiges ewiges, himmlisches Leben in einem imaginären Jenseits ist, statt das Leben, das uns auf dieser Erde gegeben ist, aufrecht und ichbewußt zu leben und uns an ihm zu erfreuen?

Können denkende, wissende Menschen heute noch, angesichts neuer und neuester entwicklungsgeschichtlicher und naturwissenschaftlicher Erkenntnisse, wahrhaft an die Schöpfungsgeschichte und die Menschwerdung glauben, wie sie die Bibel lehrt?

Ich glaube, daß kein denkender, wissender Mensch heute noch wahrhaft vorgeben kann, daran zu glauben!

Können denkende, wissende Menschen heute noch wahrhaft an eine Heilslehre glauben, die die Geburt des Menschen mit einem Fluch belastet und Leid und Not als Sühne ansieht für Sünden, die sie nie begangen haben, um durch den Tod Erlösung vom Leben zu finden?

Ich glaube, daß kein denkender, wissender Mensch, der seinem Leben Sinn und Inhalt zu geben sucht, an dieser Lehre noch wahrhaft festhalten kann!

Können denkende, wissende Menschen heute noch wahrhaft an einer Heilslehre festhalten, die den Sinn des Lebens von dieser Erde weg in ein irrationales, jenseitiges Leben verlagert, die Lebenswerte herabmindert und die natürlichen Triebe und Leidenschaften des Menschen als Sünde abtöten will und damit den Sinn des Lebens fragwürdig macht?

Eine Heilslehre, die das Leben verleumdet und zu seiner Verneinung führt, ist eine Lehre des Unheils.

Wer immer auch vorgeben mag, an der Heilslehre festzuhalten, belügt sich selbst, weil er sein Leben mit allen seinen Trieben und Leidenschaften unbändig liebt und für alles, was er — durch die Heilslehre irregeleitet — als „Sünde" ansehen mag, zur Absicherung „seines Heils"

Ablaß im Gebet und vielleicht auch in der Beichte sucht, um „geläutert" seinen natürlichen Trieben und Leidenschaften nachgeben und weiter in Lust und Freude „sündigen" und sich am Leben erfreuen zu können.

Der Mensch muß endlich den Mut haben aufzuhören, an vagen Verheißungen festzuhalten, die er wider alles bessere Wissen aufrecht hält, weil er an die Vergebung von Sünden, an die Erlösung vom Leben durch den Tod und an ein Fortleben nach dem Tode glauben will.

Der Mensch muß endlich den Mut haben aufzuhören, sich verführen und belügen zu lassen und sich selbst zu belügen. Unehrlichkeit gegen sich selbst ist Selbstbetrug, ist Verrat am höchsten Gut des Menschen, ist Verrat am Leben.

Wie lange noch werden die Menschen willfährig sein, die Vergewaltigung des Geistes zu dulden, um irregeleitet Verrat am Leben zu üben?

Heißt das, daß sich der Mensch von Gott lossagen soll?

Was würde geschehen, wenn er es täte?

> „Oh, ihr Blinden", spricht Ivan Fjedorowitsch in Dostojewskis ‚Brüder Karamasoff' im Fiebertraum, „oh, ihr Blinden, die ihr gar nicht begreift, wenn sich erst einmal die Menschheit durchwegs von Gott lossagen wird..., so wird ganz von selbst... die ganze frühere Weltanschauung zusammenbrechen, und die Hauptsache, die ganze frühere Sittlichkeit, und es wird alles neu

anbrechen. Die Menschen werden sich vereinigen, um vom Leben alles zu nehmen, was es geben kann, aber zweifellos einzig und allein für das Glück und die Freude in dieser Welt... Indem der Mensch... durch seine Willenskraft und die Wissenschaft die Natur besiegt, wird er gerade dadurch zu jeder Stufe ein so hohes Entzücken empfinden, daß ihm alle früheren Hoffnungen auf himmlische Seligkeit ersetzt wird. Ein jeder wird erkennen, daß er dadurch sterblich ist, auch ohne Auferstehung, und er wird den Tod stolz empfangen und ruhig wie Gott."[68])

Das heißt nicht,

daß sich der Mensch von Gott lossagen soll!

Das heißt nicht,

daß wir ohne Glauben an die Existenz von Gesetz und Ordnung, an die Vernünftigkeit und Zweckmäßigkeit in der Welt, ohne Glauben an Manifestationen und Einflußnahmen materieller und geistiger Kräfte, jenseits der Grenzen unseres Vorstellungsvermögens, dem Leben einen Sinn geben können. Welt und Leben würden ohne Glauben haltlos und sinnlos werden; Welt und Leben würden in Nichts zerfallen, versinken, finster und kalt werden.

Nietzsche läßt in der Parabel vom „tollen Menschen" ihn, der Gott getötet hat, am hellichten Tage eine Laterne anzünden und die Folgen der Loslösung des

Menschen von Gott allen Gottlosen und Gottverächtern ins Gesicht schreien:

> „Wie vermochten wir das Meer auszutrinken? Wer gab uns den Schwamm, um den ganzen Horizont wegzuwischen? Was taten wir, als wir diese Erde von ihrer Sonne losketteten? Wohin bewegt sie sich nun? Wohin bewegen wir uns? Fort von allen Sonnen? Stürzen wir nicht fortwährend? Und rückwärts, seitwärts, vorwärts, nach allen Seiten? Gibt es noch ein Oben und ein Unten? Irren wir nicht, wie durch ein unendliches Nichts? Haucht uns nicht der leere Raum an? Ist es nicht kälter geworden? Kommt nicht immerfort die Nacht und mehr Nacht?"[69])

Gewiß, der Mensch kann sich von der Bindung an seine Umwelt, von der Verbundenheit mit der Natur, der Sonne und den Sternen, von der Erde, die seine Welt, sein Leben bedeutet, nicht lösen; er kann sich vom Erstaunen vor der Tiefe allen Seins, von der Erkenntnis des wunderbaren Zusammenwirkens aller Kräfte und dem Gefühl seines Eingebundenseins in das Ganze nicht befreien.

Also doch „Gott"?

DAS GÖTTLICHE IN DER WELT
UND IM LEBEN

Die Antwort auf die Frage, ob es einen GOTT gibt oder nicht, hängt davon ab, was wir uns als GOTT vorstellen und was unter dem „Begriff Gott" zum Ausdruck kommt.

Wer vor die Entscheidung gestellt wird, die Existenz Gottes zu bejahen oder zu verneinen, der müßte, um Mißdeutung zu vermeiden, zunächst klar unterscheiden zwischen dem Begriff „Gott" als „Gott der Offenbarung und Überlieferung" und dem Begriff „Gott" als Bezeichnung für das, was ich „die Tiefe allen Seins" nennen möchte.

Dem Gott der Offenbarung und Überlieferung wird zugeschrieben, daß er in der Welt handelt, das Wohl, die Freiheit und den Frieden der Menschheit will, sie vom Leid, von Schuld und vom Tod befreit und ins ewige Leben führt. Diesen Attributen Gottes widerspricht jedoch die Tatsache, daß dieser Gott, dem die Menschen noch heute in tiefem Glauben und blindem kindlichem Vertrauen begegnen, das Böse in der Welt teilnahmslos duldet und namenloses Leid und Elend walten läßt.

Dieser Widerspruch zwischen den „göttlichen Attributen" und den bitteren Erfahrungen der Menschen muß doch ernste Zweifel an der Existenz eines göttlichen Wesens aufkommen lassen und zwangsläufig zur schmerzlichen Erkenntnis führen, daß der Gott der Offenbarung und Überlieferung eine Illusion, ein Wahngebilde der Menschheit ist.

Die vermeintlichen Empfänger der göttlichen Offenbarung haben sich in der Glut ihrer primitiven Vorstellungen ihren Gott selbst erschaffen. Sie haben ein Irrlicht entzündet, dem sie, um ihrem erträumten Gott Glaubensinhalt zu geben, göttliche Offenbarung zugeschrieben haben.

Ist es aus dieser Erkenntnis heraus verwegen zu schließen, daß dieser biblische Gott, der dem Begriff der Erlösung der Menschheit, der Auferstehung und dem ewigen Leben verbunden ist, nie existiert haben kann?

Außer Frage hingegen steht für alle bewußt lebenden, sehenden, fühlenden und denkenden Menschen, *heute wie einst,* die Existenz einer geheimnisvoll wirkenden schöpferischen Kraft, jenseits menschlichen Vorstellungsvermögens. Es ist jene geheimnisvoll wirkende Kraft, der der Mensch *in der Tiefe seines Seins* begegnet, die sich ihm im bewußten Erleben der Größe und der strahlenden Schönheit, der in sich geschlossenen Wirklichkeit von Welt und Leben, im wunderbaren Zusammenwirken des kosmischen Ganzen und im erhabenen Gefühl des eigenen Eingebundenseins in dieses geheimnisvolle Geschehen offenbart.

Hören wir auf, unser Schicksal auf das Eingreifen eines göttlichen Wesens zurückzuführen, das uns sieht, uns hört und erhört, führt und lenkt. Sehen wir wach im Geiste, wie die Dinge wirklich sind. Hören wir auf zu träumen! Geben wir unserem Leben, auf uns selbst gestellt, selbstbewußt und wissend, Richtung, Sinn und Wert! Hören wir auf, Sinn und Wert außerhalb des uns gegebenen Lebens zu suchen. *Hören wir auf, Verrat am Leben zu üben!*

Vernunft und biblischer Glaube sind unvereinbar. Eines allerdings steht fest: Vernunft macht den Menschen nicht unbedingt glücklich. Es kann nicht geleugnet werden, daß der Glaube an Erlösung und ein Fortleben nach dem Tode Millionen Menschen das Leiden und das Sterben erleichtert. Sie leben und sterben im Irrtum!

Der wache menschliche Geist duldet keine Verdunkelung. Durch fortschreitendes Wissen, insbesondere durch die Erkenntnisse der modernen Naturwissenschaften, ist die Welt immer mehr erschlossen und in ihren Gesetzen und ihrem kosmischen Zusammenhang erkannt worden. Den verkündeten Dogmen kann nicht länger aus Angst, die eigene Fehlbarkeit einzugestehen, der Sinn belassen werden, von dem religiöse Institutionen und ihre Vertreter nicht abgehen wollen.

Der heutige Stand des Wissens führt zur Annahme einer einheitlichen Struktur von Materie und Geist, den Bauelementen der Welt und des Lebens. Sie entstehen und bestehen durch eine geheimnisvoll wirkende schöpferische Kraft, jenseits menschlichen Erkennens und Verstehens, die sich dem Menschen im bewußten Erleben der Größe, der Vielfalt und Schönheit der Welt und des Lebens offenbart. Diese Kraft, der der Mensch in der Tiefe seines Seins begegnet, hat nichts mit dem Gottesbegriff im biblischen oder theologischen Sinne zu tun. Der Begriff „Gott" ist deshalb als Ausdruck für das bewußte Erleben dieser schöpferischen Kraft in ihren mannigfaltigen Manifestationen irreführend. Mir scheint — Julian Huxley folgend — der Begriff des „Göttlichen" am besten geeignet, das Wissen um die Existenz dieser geheimnisvollen Kraft und die unerschöpfliche

Vielfalt ihrer Offenbarungen zum Ausdruck zu bringen.

„Gott ist eine von Menschen erdachte Hypothese", schreibt Huxley, „sie ist heute wissenschaftlich nicht mehr verfechtbar, sie hat ihren klärenden Wert verloren und lastet intellektuell und ethisch auf unserem Denken ... Obschon die Götter und Gott zum Untergang verurteilt zu sein scheinen, so bleibt dennoch der Grundbegriff der Göttlichkeit, aus dem sie gewachsen sind und sich entwickelt haben. Dieses religiöse Material besteht aus solchen Naturaspekten und Erfahrungen, die man gewöhnlich als ‚göttlich' bezeichnet."[70])

In diesem Sinne bezeichne ich als das „Göttliche":

- die Erleuchtung und das bewußte Erleben der unermeßlichen Größe, der unerschöpflichen Vielfalt und bezaubernden Schönheit der Welt und des Lebens,

- die Ausstrahlung und Durchflutung des Unendlichen im Endlichen, die sich uns in der Wirklichkeit unseres Daseins offenbart,

- das Licht in uns, die unbändige Lebenskraft und Lebenslust; den Trieb in uns, Liebe zu schenken, den Durst in uns, Liebe zu empfangen, die Begierde in uns nach Lust und Erfüllung; den Impuls in uns, zu schaffen und zu gestalten, den Drang in uns nach Erkenntnis und Wissen,

- das Vermögen, zu sehen und zu erkennen, zu denken, zu fühlen und zu empfinden, und die Gabe, uns dieses Vermögens bewußt zu sein,

- den Willen in uns, zu handeln, das Gewissen in uns, die innere Stimme, das Herz und die Vernunft, die uns führen und lenken,

- die Quelle des Lebens, die alles nährt und belebt:

    DIE TIEFE ALLEN SEINS.

In diesem Sinne ist wahre Religiosität

- die Ergriffenheit, die Ehrfurcht und Andacht, die uns vor der Tiefe allen Seins bewegt,

- das Wissen und Fühlen um die Existenz des gemeinsamen Ursprungs allen Seins, der letzten Wirklichkeit, die als Geist der Materie alles durchdringt und erfüllt und uns die Tiefe allen Seins in Welt und Leben bewußt macht,[71])

- die tiefe Verwunderung vor dem Mysterium des Werdens und Vergehens, das tiefe Empfinden der Entfaltung und des Wirkens jener geheimnisvollen, unzerstörbaren atomaren Bauelemente, die Leben schaffen, gestalten, vergehen und immer wieder Leben neu, in anderer Form und Gestalt entstehen lassen und in uns das Entzücken vor der schöpferischen Vielfalt und leuchtenden Schönheit ihrer Ausdrucksformen erwecken,

- die Selbstverlorenheit, die sich in seltenen Stunden innerer Sammlung auf uns senkt und Sinne und Gedanken stillstehen läßt vor dem Erleben der unendlichen Tiefe allen Seins.

Es ist die Intuition des „Göttlichen" im Menschen,

- die ihn, in seiner Sehnsucht nach Umarmung des Unendlichen, größer macht als er erdgebunden ist, in seinem Verlangen nach Verbundenheit und Liebe, im Bewußtsein der Verwandtschaft und Zusammengehörigkeit aller mit allem und seines eigenen Eingebundenseins in der ewig fortschreitenden Evolution des kosmischen Geschehens.

Es ist das Bekenntnis des Menschen zum Leben,

- die freudige, rückhaltlose Bejahung des Lebens in Unschuld und Freiheit, die dem Menschen Lebenssinn, Lebenslust und Schaffensfreude geben,

das Bekenntnis zu Fortschritt und Wissen,

- die die Bewunderung und Verehrung schöpferischer Gestaltung fördern, wie sie, vom Geist des Göttlichen inspiriert, sich in Bild und Stein, in Dichtung und Musik, als Ausdruck tiefsten intuitiven Empfindens des Göttlichen offenbart.

Der Glaube an „das Göttliche" in der Welt und im Leben, wie ich ihn als *die Tiefe allen Seins* verstehe, kommt dem Empfinden und Fühlen aller für Fortschritt und Wissen aufgeschlossenen, vorurteilsfreien, dem Leben verbundenen Menschen näher als der Glaube an einen in biblischen Zeiten von noch unwissenden Menschen, nach menschlichen Wünschen und primitiven Vorstellungen erträumten, vorgeblichen Gott.

Die Menschen der biblischen Zeit waren nicht die Krone der Schöpfung, noch waren es die Menschen der folgenden Epochen, noch sind es die Menschen der Gegenwart. Welt und Leben sind fortschreitender Entwicklung unterworfen. Was wir heute wissen, wird durch immer neue Erkenntnisse berichtigt und ergänzt.

DIE EVOLUTION DES LEBENS
AUFGABE UND BERUFUNG
DES MENSCHEN

Welt und Leben sind steter Erneuerung unterworfen. Alles was wird und vergeht, ist ein steter Prozeß fortschreitender Evolution, ein ewiger Aufbau und Zerfall, eine stete Umwandlung von Materie in Energie und Geist und von Geist in Energie und Materie. Nichts geht in diesem ewigen Prozeß verloren, nichts wiederholt sich, nichts kommt in seiner ursprünglichen Struktur und Form wieder. Der Mensch ist nicht die Krone der Schöpfung, noch ist er die Krone einer vollendeten Entwicklung.

„Nichts als der Mensch, der Mensch und immer nur der Mensch", schreibt Jean E. Charon. „Fast scheint es, als hätte das ganze weite Universum, mit seinen über Milliarden Lichtjahre verstreuten Planeten und seiner seit Jahrmilliarden ständig fortschreitender Entwicklung von allem Anfang her nur das eine Ziel gehabt, jenes armselige, vergängliche Wesen hervorzubringen, dessen Existenz erst seit einem kurzen Augenblick kosmischer Zeit in einem Winkel des Weltalls namens Erde festzustellen ist ... und (daß) nur hier, auf diesem winzigen Planeten Erde ... ein Wesen entstanden sein soll, das allein dazu bestimmt ist, diesem gesamten Universum einen Sinn zu geben ... Wenn wir unsere Augen nicht vollkommen verschließen wollen, so muß uns ein solcher Gesichtspunkt heute absurd und abwegig erscheinen."[72])

Gewiß, die Welt, in der wir leben, diese unsere Erde, der wir uns zugehörig fühlen, mit der wir zutiefst verbunden sind, ist nur ein Teil, ein verschwindend kleiner Teil des kosmischen Ganzen, der als Planet unter Milliarden anderen Planeten kreist. Alles hängt mit allem zusammen, das Kleinste mit dem Größten, das Lebende mit dem Toten, das Endliche mit dem Unendlichen. Wir leben in einer in sich geschlossenen Wirklichkeit, die, aus dem Zusammenhang gelöst, nicht bestehen kann, die aus sich selbst heraus nicht erklärbar ist. Die Wirklichkeit, in der wir leben, die wir wahrnehmen und in uns aufnehmen, endet nicht an den Grenzen unserer Wahrnehmung, sie liegt jenseits unseres Erkenntnisvermögens. Wir erweitern wohl fortschreitend unsere Erkenntnisse, aber unserer Vernunft bleiben immer neue Grenzen gesetzt, um erkennen zu können, was jenseits dieser Grenzen liegt.

Die Tatsache, daß das Entstehen, die Funktion und die Zusammenhänge früher unerklärlicher Naturphänomene heute ohne Annahme eines geheimnisvollen göttlichen Eingreifens und Wirkens eine natürliche Erklärung gefunden haben, läßt darauf schließen, daß viele bislang noch unerklärlich gebliebene Naturphänomene künftig ebenfalls ohne Annahme eines geheimnisvollen göttlichen Eingreifens und Wirkens funktionieren und mit fortschreitendem Wissen eine Erklärung finden werden.

Wir müssen den Mut haben umzudenken;

wir müssen unser Weltbild mit den wissenschaftlichen Erkenntnissen immer wieder in Einklang bringen und zur Kenntnis nehmen, daß der Mensch nicht die Krone der Schöpfung, noch die Krone der Evolution ist, sondern nur ein Glied in fortschreitender Entwicklung und daß seine Gegenwart nur eine Übergangsform ist.

„Die Anerkennung einer Entwicklung", schreibt Hoimar von Ditfurth, „in der das Leben von primitiven Ausgangsformen seinen Anfang nahm, um sich im Verlaufe des unvorstellbaren Zeitraumes von zwei bis drei Milliarden Jahren, bis zu seiner heutigen Organisationshöhe und Formenfülle zu entfalten, schließt zwingend die Anerkennung des Faktums ein, daß der Mensch nicht das Ziel dieser Entwicklung, daß er nicht, wie der Augenschein zu lehren schien, die Krone der Schöpfung sein kann ... Seitdem wir wissen, daß unsere Gegenwart nur ein zufälliger Ausschnitt aus einer Entwicklung ist, die wir nicht zu übersehen vermögen und von der wir mit Sicherheit sagen können, daß sie weit über uns hinausführen wird. Wir sind nicht Endpunkt oder gar Ziel, sondern nur vorübergehende Übergangsformen im Ablauf eines Geschehens, das einem Ziel zustrebt, an dem wir nicht teilhaben werden."[73])

Das heutige enorme Wissen der Menschheit hat nicht dazu beigetragen zu erkennen, ob unserem Leben ein tieferer Sinn innewohnt. Wir wissen keinesfalls — ich wiederhole es — welcher Sinn unserem Leben innewohnt, aber wir wissen, daß das Leben Sinn fordert und daß wir es sinnvoll gestalten können und sinnvoll gestalten müssen, um es zu bejahen.

Die Entdeckungen der modernen Naturwissenschaften und die rasante technische Entwicklung haben innerhalb weniger Jahrzehnte alles übertroffen, was in vergangenen Jahrhunderten an Fortschritt in der Welt erzielt wurde; sie haben die Welt immer mehr erschlossen und die Lücken des Unwissens immer mehr geschlossen. Die Bemühungen der Menschen, das Rätsel des Urgrunds zu enthüllen, gehen weiter. Die Wissenschaft mag dem Geheimnis immer näher kommen, durchdringen wird sie es nicht. Das heutige Wissen hat die Weisheit der Menschen weder gefördert, noch die Menschen besser gemacht.

Wissen ist nicht Weisheit!

Je mehr wir wissen, desto weniger wissen wir, was wir letztlich wissen wollen. Wissen bringt dem Menschen weder Frieden noch Wohlstand noch Glück. Wissen führt ihn nur zur Erkenntnis, daß seinem Geist Grenzen gesetzt sind und fortschreitendes Wissen nur der Korrektur immer neuer menschlicher Irrtümer dient. Die Wissenschaft kann nicht zur Religion werden, sie reicht nicht aus, auf das Herz des Menschen zu wirken, Impulse und Gefühle auszulösen und seine Handlungen zu bestimmen. Und was das Weltende anlangt, so kennen wir von der Wissenschaft her nur Hypothesen. Sie werden Hypothesen bleiben, wie weit auch die wissenschaftlichen Forschungen vordringen mögen.

Zu den biblischen Prophezeiungen in bezug auf das Weltende bleibt mir an dieser Stelle nur zu sagen, daß ich der theologischen Auffassung nicht folgen kann, dieses Ende letztlich als Vollendung zu verstehen. Daß die

Welt und der Mensch ihrer Vollendung entgegengehen, ist in Anbetracht der grausamen Geschichte der Menschheit, des Bösen, des Übels und des Leids in der Welt, unglaubwürdig.

Ein Gott im biblischen Sinne, der

> „das definitive und umfassende Wohl des Menschen will, die Freiheit, das Heil und das letzte Glück des Menschen . . . der sich in den Nöten und Hoffnungen der Menschen solidarisiert . . . ein Gott, der verborgen in der dunklen Geschichte engagiert ist . . . der die Welt nicht allein läßt . . . der Geschichte für den Menschen nicht zu einem dunklen Faktum werden läßt . . . der in der Welt handelt, um dem Lauf der Dinge eine andere Richtung zu geben, damit die Welt nicht sich selbst überlassen bleibt, sondern verändert werden kann",[74])

ein solcher Gott hat sich bisher in der Geschichte der Menschheit nicht kundgetan. Der Glaube an ihn, das vernünftige, geprüfte und aufgeklärte Vertrauen in ihn, ist durch das Weltgeschehen erschüttert. Hoffendes Vertrauen wäre Selbstbetrug.

Das heißt aber nicht,

daß der Mensch deshalb verlassen und verstoßen wäre. Er ist nur auf sich selbst gestellt, auf sich selbst angewiesen. Er trägt die Verantwortung für sein Leben, sein Überleben und für das seiner Mitmenschen. Die Zukunft liegt in seiner Hand.

Die Bekämpfung von Leid und Not, von Unrecht und Gewalt, von Mord und Totschlag, von Aufruhr und Krieg, liegt ausschließlich beim Menschen selbst, sie ist eine Entscheidung der Vernunft, ein Akt der Selbstbesinnung.

Berufung und Aufgabe des Menschen ist es,

mitzuhelfen, der Evolution des Lebens des Menschen wie der Gesellschaft einen Sinn zu geben, den nur er, der Mensch, ihr geben kann; den Funken des Wissens und der Erkenntnis aufzunehmen, ihn weiterzugeben, zur Flamme zu entzünden, um Unwissenheit, Vorurteil und Unduldsamkeit zu bekämpfen.

Nur geistige Aufgeschlossenheit, nur ein Füreinander und kein Gegeneinander können Aggressivität und Gewaltanwendung im Zusammenleben der Menschen bannen und der Fortentwicklung des Menschen dienen.

Das Nichteingreifen Gottes hindert den Menschen keineswegs am Kampf für Gerechtigkeit, Freiheit und Frieden, gegen die Mächte des Bösen, der Ungerechtigkeit, der Unfreiheit, der Lieblosigkeit und des Todes einzutreten.

Im Gegenteil!

Dieser Kampf gehört zur eigentlichen Berufung des Menschen! Er muß seinem Leben und dem des anderen Sinn geben, aus der Hoffnung heraus, daß es zu einer Sinnerfüllung des Lebens kommt.

RÜCKBLICK UND AUSBLICK

Ich möchte hier klar und unmißverständlich festhalten, daß die ethischen Werte der Heiligen Schrift durch meine kritische Stellungnahme zu ihren Glaubenslehren in keiner Weise gemindert werden sollen. Die Frage nach dem WOHER und WOHIN, nach Sinn und Wert des Lebens, hat im Laufe der Jahrtausende die Menschen angeregt zu glauben, zu denken, zu zweifeln, ihr Weltbild zu prüfen und zu überprüfen, und hat nicht nur einen ungeheuren schöpferischen Einfluß auf allen Gebieten des Glaubens, des Denkens, Forschens und Wissens ausgeübt, sondern auch auf allen Gebieten der Kunst zur Sammlung, Andacht und Erbauung der Menschen geführt.

Was von der biblischen Zeit an bis in unsere Tage, neben und trotz allem Leid und aller Bedrängnis, aus dem Bemühen der Menschen, ein friedliches und harmonisches Zusammenleben zu ermöglichen und diesem Streben gestaltend Ausdruck zu geben, an kulturellen Werten geschaffen wurde, ist den ersten zündenden religiösen Impulsen und dem fortschreitenden geistigen Erwachen der Menschheit zu verdanken. Die Werke der Kunst sind leuchtende Sterne menschlichen Denkens und Schaffens geblieben, Ausdruck tiefsten Glaubens, innerster Sehnsucht, Hoffnung und Erwartung der Menschen. Sie sind als seelische und geistige Bekenntnisse aus der Zeit zu verstehen, in der sie entstanden sind, und wir haben sie als religiöses, geistiges und kulturelles Erbe zu schätzen. Die ältesten sind in der Heiligen Schrift, in Psalmen, Gebeten und Gesängen, in Mythen, Geschichten von Heiligen und Propheten, in Legenden und Sagen von Dämonen und Helden enthalten. Sie sind uns in unserer Kindheit erzählt worden, wir haben ihnen mit klopfendem Herzen, mit voller Hingabe und Wärme erfüllt gelauscht und sie tief im Herzen bewahrt. Sie sind in Tempeln und Moscheen, in Kathedralen und Klöstern, in Burgen und Museen verewigt, in Bildwerken in Stein gemeißelt, in Gemälden festgehalten, sie leben in Dichtung und Musik fort, Ausdruck des suchenden Geistes und des inneren Drangs der Zeit und der Menschen, sich über die Grenzen der bewußten Wirklichkeit hinaus auszudrücken. Sie reichen weiter als unser sprachliches Ausdrucksvermögen, weiter als der Verstand reicht.

Unverändert durch alle Zeiten hindurch sind bis heute die *Zehn Gebote* und die sittlichen Unterweisungen der *Bergpredigt* der Grundpfeiler für Gesetz und Ordnung geblieben. Ihr Sinngehalt hat innerhalb der Geschichte und der zeitlichen Gegebenheiten für sittliche Leitlinien und Gesetze Geltung behalten. Sie richten sich ausnahmslos an alle Menschen, unabhängig von deren religiösem Glauben und deren politischen Ideologien. Sie bilden die Grundlage für jedes gesellschaftliche Zusammenleben und Zusammenwirken. Sie sind der Warnruf und Mahnruf an die Menschen, den Namen Gottes nicht zu mißbrauchen und keinen Irrlehren und Götzen zu huldigen. Sie erwecken Ehrfurcht vor dem Leben, beschwören, das Leben anderer zu achten, nicht zu töten und den andern zu lieben wie sich selbst.

Im Zuge der fortschreitenden Evolution der Menschheit haben die Zehn Gebote in sinnvoller Anwendung und Anpassung an die jeweiligen geschichtlichen Gegebenheiten zum Ausbau der Voraussetzungen und Grundlagen für ein friedliches Zusammenleben der Menschen, zur Schaffung der Menschenrechte und zur Schaffung würdigerer Lebensbedingungen der Menschen beigetragen.

Immer wieder glauben Menschen in ihrer Verblendung, aus Selbstsucht, Habgier, Neid, nationalen oder gesellschaftlichen Machtansprüchen, der Einhaltung ethischer Grundsätze entbunden zu sein und Verbrechen an ihren Mitmenschen üben zu dürfen. Aber immer wieder kehrt der Mensch im Schock der Besinnung und im Zuge fortschreitender Evolution zu den Grundsätzen der Zehn Gebote zurück, als der einzig möglichen Basis für ein gesellschaftliches Zusammenleben in Frieden, Freiheit und Gerechtigkeit.

Was not tut,

ist, Unwissenheit und Unvernunft, Vorurteile, Fanatismus und Intoleranz zu bekämpfen, um in der Erfüllung dieser Aufgaben dem eigenen Leben und dem des anderen Sinn und Wert zu geben.

Ich glaube an die Zukunft der Menschheit,

ich glaube, daß die Menschheit nicht auf dem Weg der Sinnlosigkeit und der Selbstvernichtung fortschreiten kann, fortschreiten darf und fortschreiten wird;

ich glaube, daß die Menschen das Tor des Gefängnisses geistiger Irrlehren aufbrechen werden, in das sie sich willfährig einschließen ließen, daß sie ausbrechen werden, um neue Hoffnungen und Erwartungen zu schöpfen, sich neue Ziele zu setzen, neue Lebenslust und Lebensfreude zu schaffen und neue Impulse zu einem sinnerfüllten Leben freizulegen.

Die Aufgabe der Menschen liegt nicht im Auseinanderleben, sondern im friedlichen Zusammenleben und im gemeinsamen Schaffen.

Das Leben ist ein Geschenk,

kein Fluch, keine Sünde und keine Schuld! Es ist dem Menschen gegeben, es sinnvoll zu gestalten, sich an ihm zu erfreuen und keinen Verrat an ihm zu üben.

> *„Seit es Menschen gibt"* — schreibt Nietzsche —, *hat der Mensch sich zuwenig gefreut: das allein, meine Brüder, ist unsere Erbsünde! Und lernen wir besser uns freuen, so verlernen wir am besten, andern wehe zu tun und Wehes auszudenken.”*[75]

Das ist meine tiefste Überzeugung.

ANMERKUNGEN UND HINWEISE

[1]) Friedrich Nietzsche: „Die fröhliche Wissenschaft". 4. Buch, Nietzsche-Zitate: aus der Ausgabe 1921, Kröner Verlag.

[2]) Arthur Koestler: „Der Mensch — Irrläufer der Evolution". 1968, Scherz, S. 23/24.

[3]) Goethe, „Zur Farbenlehre".

[4]) Manès Sperber: „Churban oder Die unfaßbare Gewißheit". 1979, Europaverlag, S. 64.

[5]) „Der Zweck des Lebens ist das Leben selbst": Goethe an Meyer 1798.

„Der Mensch ist sein eigenes Ziel. Und er ist sein einziges Ziel. Wenn er etwas sein will, dann nur in diesem Leben." A. Camus: „Der Mythos des Sisyphos". Rowohlt, S. 75 (1961).

[6]) „Le cœur a ses raisons, que la raison ne connait point". Das Herz hat seine Gründe, die die Vernunft keineswegs kennt. Blaise Pascal: Gedanken.

[7]) Bertrand Russell: „Warum ich kein Christ bin". rororo. 1968, S. 63.

[8]) Friedrich Nietzsche: „Also sprach Zarathustra. Von der schenkenden Tugend."

[9]) Dostojewski: „Die Brüder Karamasoff". 2. Bd., 6. Buch, 3g., Insel-Verlag.

[10]) A. Camus: „Literarische Essays — Hochzeit des Lichts". Rowohlt, 1961, S. 120.

¹¹) „Was suchen wir eigentlich auf der Erde anderes als Menschen? Das einzige, wonach wir mit Leidenschaft trachten, ist das Anknüpfen menschlicher Beziehungen. Unser Glück und Unglück hängt von unseren menschlichen Beziehungen ab. Eltern, Geschwister, Geliebte, Kinder, Freunde, Lehrer, Jünger — in diesem Kreis bewegt sich unser Leben. Wir leben nur, soweit andere in uns, soweit wir in anderen leben." Ricarda Huch: „Was die Menschen bewegt".

¹²) A. Camus: „Literarische Essays — Heimkehr nach Tipasa". Rowohlt, 1960, S. 187.

¹³) V. E. Frankl: „Ärztliche Seelsorge", Deuticke, 1966, S. 83.

¹⁴) „Auch wenn eine Fackel erlischt, hat ihr Leuchten Sinn gehabt; keinen Sinn hat es aber, in einem, wenn auch ewigen Fackellauf (ins Unendliche) eine Fackel weiterzureichen, die nicht brennt."
V. E. Frankl: „Ärztliche Seelsorge", Deuticke, 1966, S. 86.

¹⁵) „Das Drüben kann mich wenig kümmern,
schlägst du erst diese Welt zu Trümmern,
die andre mag darnach entstehn.
Aus dieser Erde quillen meine Freuden,
und diese Sonne scheinet meinen Leiden.
Kann ich mich erst von ihnen scheiden,
dann mag, was will und kann, geschehn.
Davon will ich nichts weiter hören,
ob man auch künftig haßt und liebt,
und ob es auch in jenen Sphären
ein Oben oder Unten gibt."
Goethe, „Faust I".

„Nach drüben ist die Aussicht uns verrannt;
Tor, wer dorthin die Augen blinzelnd richtet,
sich über Wolken seinesgleichen dichtet:
Er stehe fest und sehe hier sich um;
dem Tüchtigen ist diese Welt nicht stumm."
Goethe, „Faust II".

[16]) Heinrich Friess: „Abschied von Gott — Eine Herausforderung — Ein Theologe antwortet". Herder Verlag, 1968, S. 109/10.

[17]) Hans Küng: „Existiert Gott?". Piper, 1978, S. 143.

Hans Küng ist einer der bedeutendsten fortschrittlichen Theologen der Gegenwart. Er gehörte — wie Gunell Vallquist in ihrem Buch „Das Zweite Vatikanische Konzil" (Verlag Glock und Lutz) berichtet — während des Konzils zu den am meisten in Anspruch genommenen Vortragenden. Er unterstützte dabei Kardinal Bea, den fortschrittlichsten Führer der Kurie.

Küng fordert ein radikales Umdenken in der Frage der Gottteslehre, der Ursünde, der Abstiegs- und Aufstiegschristologie, der Ethik und Sexualmoral sowie in der Frage der Unfehlbarkeit.

In seinem Buch „Existiert Gott?" setzt sich Küng mit den bedeutendsten Vertretern der Philosophie, der Theologie, der Naturwissenschaften und Soziologie in bezug auf die Frage: Gott und der Glaube kritisch auseinander.

Ich zitiere Küng wiederholt, weil er zu den aufgeschlossensten und mutigsten Theologen der Gegenwart gehört, der es unternommen hat, sich mit der für Glaubensfragen zuständigen SACRA CONGREGATIO PRO DOCTRINA

FIDEI, der „Glaubenskongregation", sowie mit der „Deutschen Bischofskonferenz" direkt auseinanderzusetzen.

Ich zitiere wörtlich aus einem Schreiben der Glaubenskongregation an Prof. Küng vom 30. März 1974:

„Es ist sicherlich einem katholischen Theologen erlaubt, eine Frage zu stellen, die eine Glaubenswahrheit berührt, und dann eine Erklärung zu suchen. Aber auch wenn er nicht sofort eine verstandesmäßige Rechtfertigung dieser Wahrheit fände, kann ein katholischer Theologe die Glaubenswahrheit selber nicht in Zweifel ziehen oder gar leugnen."

Siehe die von Walter Jens herausgegebene Dokumentation „Um nichts als die Wahrheit" (Piper, 1978), in der sich das ganze Schauspiel des unerbittlichen Kampfes der kirchlichen Institutionen gegen den öffentlich alleinstehenden, um die „Wahrheit" kämpfenden fortschrittlichen Theologen abspielt.

[18]) Hans Küng: „Existiert Gott?" 1978, S. 143.

[19]) ebd., S. 742

[20]) A. Camus: „Sommer in Algier". Rowohlt, 1960.

[21]) Der Gedanke der Erbsünde ist nur dem Christentum eigen, dem Judentum und dem Islam völlig fremd. Der Islam verwirft den Begriff der Erbsünde: Jeder Mensch wird für sein eigenes Verhalten zur Verantwortung gezogen, nicht aber für die Sünden seiner Vorfahren.

Für das Judentum besteht das „Heil" in der frommen

Erfüllung der Gebote, in der Versöhnung der Welt mit Gott, nicht aber in der Erlösung von der Welt. Der Messias des Alten Testaments ist kein Erlöser der Menschheit, er wird als Bote Gottes angesehen, um *hier auf Erden* ein Reich der Brüderlichkeit, des Friedens, der Freiheit und Gerechtigkeit zu errichten.

Das Alte Testament spricht von einer messianischen Erfüllung, dem Höhepunkt menschlicher Geschichte *auf Erden,* nicht im Himmel! Dem Alten Testament liegt eine Philosophie der Weltbejahung zugrunde, dem Neuen Testament eine Philosophie der Weltverneinung, eine Erlösung vom Dasein!

Erst Augustin (354—430) hat die Erbsünde zum Dogma erhoben. Sie wird heute von keinem fortschrittlichen Theologen mehr aufrechterhalten.

Pelagius, ein irischer Mönch, bekämpfte mit Caelestius Ende des 4. Jh. die Augustinische Lehre der Erbsünde, der Gnade und Prädestination. Sie lehrten, daß die Sünde nicht mit dem Menschen geboren wird, sondern im Leben des Menschen begangen wird, und bekannten sich zur Freiheit der menschlichen Natur, die jedem Menschen freie Entscheidung ermöglicht. Ihre Lehre scheiterte, weil sie die Bedeutung der kirchlichen Gnadenmittel (Taufe) herabsetzte, was der Lehre der Kirche widersprach. Augustin erreichte die Verurteilung ihrer Lehren als Irrlehren. Pelagius und Caelestius wurden als Ketzer erklärt und verfolgt.

Die Erlösungslehre ist auf den Apostel Paulus zurückzuführen. Sie entstand, als der Kreuztod Christi eine Erklärung und ein Umdenken erforderte.

[22]) Ich glaube, daß der Sache der Kirche wenig gedient ist, wenn sie zur Frage der leiblichen Auferstehung noch heute erklärt, „daß die Identität des Menschen (die weibliche, wie die männliche) im Jenseits gewahrt wird und die ganze Person, mit allen ihren Eigenschaften, einschließlich der Sexualität, im Jenseits eine Vervollkommnung erfährt, daß es jedoch im Himmel keine Ehe gibt".

(Johannes Paul II. in einer Generalaudienz am 3. November 1981. Pressebericht.)

[23]) Was den Hinweis auf den geistigen Austausch zwischen Elementarteilchen anlangt, siehe Jean E. Charon: „Der Geist der Materie", Paul Zsolnay, 1979, S. 105.

[24]) Was immer auch R. A. Moody, E. Kübler-Ross, Th. Dethelfson, K. Osis, E. Haraldson, N. O. Jacobson, neuerlich der amerikanische Kardiologe Michael Sabom u. a. als Erfahrungen Sterbender oder aus dem Koma ins Leben zurückgerufener Menschen als Berichte gesammelt und festgehalten haben mögen, es handelt sich nur um Visionen und Traumbilder leidender, mit dem Tode ringender, religiöser Menschen, aber um keine Beweise für den Übergang des ichbewußten Lebens in ein ewiges, jenseitiges ichbewußtes Leben.

[25]) Bertrand Russell: „Warum ich kein Christ bin". rororo, 1968, S. 39.

[26]) Hans Küng: „Christ sein". dtv 1976, S. 298/374/375.

[27]) ebd., S. 528/530.

[28]) Hans Küng: „Existiert Gott?". S. 682.

[29]) Hans Küng: „Christ sein". S. 525.

[30]) „Wenn Leben überhaupt einen Sinn hat, dann muß auch Leiden einen Sinn haben, gehört doch Leiden zum Leben irgendwie dazu — genauso wie das Schicksal und das Sterben. Not und Tod machen das menschliche Dasein erst zu einem Ganzen." V. E. Frankl: „Trotzdem ja zum Leben sagen". Kösel, 1977, S. 110.

[31]) Der Versuch einer Rechtfertigung Gottes gegenüber dem Bösen und dem Leid in der Welt ist seit Epikur wiederholt gemacht worden. In der neueren Philosophie hat Leibniz einen Versuch in seiner Abhandlung über „Theodizee" unternommen, die von Kant in dessen Abhandlung „über das Mißlingen aller philosophischen Versuche in der Theodizee" scharf kritisiert wurde. Auch Hegel hat in seiner „Philosophie der Weltgeschichte" versucht, eine Rechtfertigung Gottes gegenüber dem Bösen und dem Leid in der Welt zu schaffen.

[32]) Hans Dollinger: „Schwarzbuch der Weltgeschichte". Südwest Verlag, 1973.

Dollinger schreibt S. 7: „Allein die Anzahl der Menschenopfer, die seit dem Beginn des Christentums, also seit dem 4. Jahrhundert, dem Gott der Christen dargebracht wurde, wird auf mindestens 50 Millionen geschätzt."

William E. H. Lecky schreibt in seiner „History of the Rise and Influence of the Spirit of Rationalism in Europe": „Fast ganz Europa war viele Jahrhunderte hindurch mit dem Blut getränkt, das auf direkten Antrieb oder jedenfalls mit voller Zustimmung der geistlichen Behörden vergossen war ... Ziehen wir all dies in Betracht, so ist es sicherlich keine Übertreibung, zu sagen, daß die Kirche den Menschen ein größeres Maß unverdienten Leids zugefügt hat als irgendeine andere Religion, zu der Menschen sich jemals bekannten." Zitiert von Karlheinz Deschner in seinem Buch „Abermals krähte der Hahn". rororo, 1976, S. 480.

Es ist nicht Gegenstand dieses Buches, auf die furchtbaren Verbrechen hinzuweisen, die andere religiöse Institutionen gegen die Menschheit in der Vergangenheit und Gegenwart im Namen ihres Gottes begangen haben. Hingewiesen sei nur auf die furchtbaren Verbrechen und Greueltaten, die im „Heiligen Krieg" des Ayatollah Khomeini, des geistigen und religiösen Führers des Iran, noch heute begangen werden, auf die flagranten Verletzungen der Menschenrechte und das Neuaufflammen von Unduldsamkeit und Haß in der Welt.

[33]) Friedrich Nietzsche: „Also sprach Zarathustra", II.

[34]) J. Katzenelson. Gekürzt wiedergegeben aus der „Botschaft an die sieben Himmel", im Gedichtband „An den Wind geschrieben". Gedichte der Jahre 1933 bis 1945, Agora Verlag, 1960, S. 158—61.

[35]) Jean-Paul Sartre: „Der Teufel und der liebe Gott". (Schauspiel.)

[36]) „Das Wesen des Menschen kann ohne den Wahn nicht nur nicht begriffen werden, es wäre auch nicht das Wesen des Menschen, wenn es nicht als Grenze seiner Freiheit den Wahn in sich trüge." Jacques Lacan.

[37]) Stellungnahme zu der von Hans Küng behandelten Frage: Ist Gott Person? in „Existiert Gott". S. 692/94.

[38]) Hans Küng: „Christ sein". S. 374.

[39]) ebd., S. 530.

[40]) ebd., S. 528.

[41]) Sigmund Freud: „Die Zukunft einer Illusion". 1927.

[42]) Friedrich Nietzsche: „Morgenröte".

[43]) Zur Frage der Christologie schreibt Hoimar von Ditfurth in seinem Buch „Wir sind nicht nur von dieser Welt", Hoffmann und Campe, 1981, S. 140/41:

„Die Identifikation eines Gottessohnes mit dem Menschen in der Gestalt einer bestimmten von unzähligen vergangenen und zukünftigen Entwicklungsstufen läßt sich nicht als für alle diese verschiedenen Entwicklungsstufen in dem gleichen Sinne gültige Identifikation verstehen. Sie ist aufzufassen als der Interpretationsversuch einer historischen Epoche, die von der Endgültigkeit und Unwandelbarkeit der menschlichen Konstitution in der Gestalt des Homo sapiens überzeugt war. Wir haben inzwischen gelernt, daß diese Voraussetzung nicht gegeben ist. Angesichts der stammesgeschichtlichen Entwicklung, die wir vor einem Jahrhundert entdeckt haben, bleibt uns daher die Frage nicht erspart, wieweit der Begriff ‚Menschwerdung' angesichts der historischen Persönlichkeit Jesu unter diesen Umständen in der Zeit trägt."

[44]) Dieses Argument ist schon von Moses ben Nachmanides aus Geron, einem Talmudgelehrten seiner Zeit, in einer von König Jakob I. einberufenen öffentlichen Religionsdebatte am 20. Juli 1263 in Barcelona zur Frage von der „Vorstellung von der Gottheit" verwendet worden. Nachmanides hat der Nachwelt das Streitgespräch über den Glauben schriftlich überliefert.

Was das Verhältnis Jesu zu Gott anlangt, stütze ich mich auf die wesentlichste Aussage des Konzils von Nizäa 325: „Jesus von Nazaret ist wahrer Gott und wahrer Mensch" und auf die Erklärung der Deutschen Bischofskonferenz vom 22. Januar (1977, wiedergegeben in der Dokumentation „Um nichts als die Wahrheit" (Hrsg. Walter Jens, Piper, 1978, S. 351—360):

„Jesus von Nazareth ist wahrer Mensch und wahrer Gott . . . In der Menschwerdung hört der göttliche Sohn nicht auf, Gott zu sein, und in der Erlösung hört der Mensch nicht auf, Mensch zu sein."

Hans Küng hält die Begriffe „Menschwerdung Gottes" und „Gottessohn" nur für „mythologische Vorstellungen, für das moderne Denken schlechthin nicht mehr nachvollziehbar". „Existiert Gott". S. 744.

An anderer Stelle (24 Thesen zur Gottesfrage, Piper, S. 115) schreibt Küng zur Frage „Was heißt Menschwerdung Gottes?":

„Nirgendwo im Neuen Testament ist von der Menschwerdung Gottes selbst die Rede: Es geht immer um Gottes Sohn oder Wort, das Mensch geworden ist, dessen Identifikation mit Gott, dem Vater, nun allerdings immer mehr betont wird durch Übertragung göttlicher Eigenschaften. Freilich meint im Neuen Testament der Terminus ‚Gott' (ho theos) praktisch immer den Vater. Jesus war fast nie direkt ‚Gott' genannt, von Paulus überhaupt nie."

Ich möchte hier noch darauf verweisen, daß schon im beginnenden 2. Jh. Celius (Kelsos), ein griechischer Philosoph der Platonischen und Stoischen Schule, eine Schrift „Alethos logos" (Die wahre Lehre) 179 gegen das Christentum veröffentlicht hat, in der er, unter anderem, die Menschwerdung Gottes bestreitet.

Im vierten Jahrhundert unternahm es Arius in Alexandrien vehement, die Göttlichkeit Jesu zu leugnen. Er war der tiefsten Überzeugung, daß es nur einen einzigen Gott gibt, und sah die Bedeutung Jesu nur in seiner Lehre und seinem Vorbild. Diese Auffassung wurde von den kirchlichen Institutionen begreiflicherweise fanatisch verfolgt. Das Konzil von Nizäa, von Konstantin 325 einberufen, war mit der Lehre des Arius befaßt, der am Konzil selbst mit einigen seiner Anhänger teilnahm. Anhänger und Gegner bekämpften einander haßerfüllt. Die Entscheidung fiel durch Abstimmung gegen Arius aus. Er wurde als Ketzer verurteilt, verbannt und verflucht. Das Konzil erklärte Christus als *„wesensgleich mit dem Vater"* und erhob diese Erklärung zum Dogma. Es erwies sich jedoch bald, daß das — wie es Walter Nigg in seinem „Buch der Ketzer", S. 118 formuliert —, „was als Irrtum des Arius genannt wurde, als unumgängliche Vorstufe der Wahrheit" anzusehen war. Arius' Lehre fand große Verbreitung, so daß Konstantin, um die Einheit des Reiches bemüht, eine politische Lösung suchend, Arius 330 aus der Verbannung zurückberief, um ihn zu rehabilitieren. Knapp bevor er nach Konstantinopel zurückkehrte, wurde er jedoch, durch eine Verschwörung seiner Gegner, in schamlosester Weise umgebracht.

Die Entscheidung des Konzils hat eine große Gegenbewegung hervorgerufen. Der Arianismus wurde zur bedeutendsten Bedrohung des Christentums. Seine Lehre fand weite Verbreitung und hielt sich bis ins 13. Jh. Anhänger des Arianismus waren unter anderen die Albigenser, Katharer, die Goten, Langobarden und Burgunder.

Es sei hier noch darauf verwiesen, daß auf der Zweiten Allgemeinen Synode von Konstantinopel 381 auch „die Wesensgleichheit des Heiligen Geistes" zum Dogma erhoben und damit die Trinitätslehre begründet wurde.

[45]) Tertullian: „Cruzifixus est dei filius; non pudet, quia pudendum est. Et mortuus est dei filius; prorsus credibile

est, quia ineptus est. Et sepultus resurrexit; certum est, quia imposibile est".

[46]) „Offen steht das Grab. Welch herrlich Wunder, der Herr ist auferstanden: Wer's glaubt: Schelmen, ihr trugt ihn weg." Goethe, „Venetianische Epigramme".

Der Theologe Hans Conzelmann: „Das Osterereignis als die Auferstehung Christi ist kein historisches Ereignis. Der Auferstehungsglaube ist nichts anderes als der Glaube an das Kreuz als Heilsereignis." „Grundriß", S. 228.

„Das Osterereignis als die Auferstehung Christi ist kein historisches Ereignis . . ." schreibt der Theologe Rudolf Bultmann, „der Auferstehungsglaube ist nichts anderes als der Glaube an das Kreuz als Heilsereignis."
Neues Testament und Mythologie. S. 46f.

„Ist die Auferweckung also kein historisches Ereignis? Nein . . . Auferweckung meint nicht ein Naturgesetze durchbrechendes, innerweltlich konstatierbares Mirakel, . . . sondern ein im tiefsten Sinne reales Geschehen: freilich nur für den, der nicht neutral beobachten will, sondern der sich im Glauben darauf einläßt . . . Auferstehung ist also zweifellos ein Glaubensgeschehen."
Hans Küng: „Ewiges Leben — Schwierigkeiten mit der Auferstehung Jesu". 1982, S. 137—139.

[47]) Goethe im 8. Buch Suleika/„Westöstlicher Divan".

Goethe hat übrigens nicht nur die Gottheit Christi abgelehnt, sondern auch die Erbsünde und das Erlösungsdogma verdammt.

[48]) Karl Jaspers: „Der philosophische Glaube angesichts der Offenbarung". S. 483.

⁴⁹) Vergleiche Hans Zahrnt: „Es begann mit Jesus von Nazareth — Die Frage nach dem historischen Jesus". Kreuz Verlag.

⁵⁰) Karlheinz Deschner: „Abermals krähte der Hahn". S. 126, rororo, 1976.

Ein Standardwerk gegen den Wahrheitsgehalt der Evangelien schrieb Porphyrius (233—304), ein Schüler Plotins. Seine 15 Bücher sind unter Theodosius II. im Jahre 448 auf dem Scheiterhaufen öffentlich verbrannt worden. Trotz der Vernichtungsaktion der Kirche sind Auszüge erhalten geblieben. Drei Lehren sind es, die ihn vom Christentum trennen: die der Schöpfung und die des Untergangs der Welt, die Lehre der Menschwerdung Christi, die seiner Auferstehung und die der Auferstehung der Toten. Er sieht in den Evangelisten Lügner und Fälscher und weist in den Evangelien die vielen offensichtlichen Widersprüche nach. („Die Nachsokratiker", Hrsg. W. Nestle/Diederichs, 1923.)

A. von Harnack (1851—1930), der bekannte Religionshistoriker, hält dieses Werk als die reichste und gründlichste Schrift, die jemals gegen das Christentum geschrieben wurde: „. . . dort, wohin Porphyrius den Streit zwischen religionsphilosophischer Wissenschaft und Christentum versetzt hat, liegt er noch heute; auch heute noch ist P. nicht widerlegt." A. von Harnack: „Mission". S. 353.

⁵¹) Johannes Lehmann: „Jesus Report — Protokoll einer Verfälschung". Econ, 1970, S. 188.

⁵²) ebd., S. 156.

[53]) Swami B. H. Bon Maharay, Hinduist, Gründer des indischen „Institute for Oriental Philosophy", in dem Buch: „Die Antwort der Religionen/Eine Umfrage", herausgegeben von Gerhard Szczesny, 1977, rororo, S. 133.

[54]) Julian Huxley: „Ich sehe den künftigen Menschen". Der neue Begriff des Göttlichen. 1965, List, S. 221.

[55]) „Um nichts als die Wahrheit". Hrsg. Walter Jens, 1978, Piper, S. 107.

[56]) Alighiero Tondi, ehemaliger Professor an der päpstlichen Universität Rom: „Die Jesuiten", zitiert in Karlheinz Deschners „Abermals krähte der Hahn", rororo, S. 126.

[57]) Günnel Vallquist: „Das Zweite Vatikanische Konzil". 1966, Glock und Lutz, S. 525.

[58]) Pius XII.: „Literae Encyclicae Humanae generis" vom 12. August 1950, zitiert in Küng „Existiert Gott?". Piper, S. 371.

[59]) Zitiert in Friedrich Heers „Gottes erste Liebe". Bechtle Verlag, 1967, S. 672.

In diesem Zusammenhang verweise ich auf die bekannte Weltgerichtsszene in Matth. 25/31—46:

„Wenn der Menschensohn in seiner Herrlichkeit kommt und alle Engel mit ihm, dann wird er sich auf den Thron seiner Herrlichkeit setzen. Alle Völker werden vor ihm versammelt sein. Er wird sie voneinander scheiden, wie der Hirt die Schafe von den Böcken scheidet. Die Schafe wird er zu seiner Rechten stellen, die Böcke zu seiner Linken.

Alsdann wird der König zu denen auf der Rechten sprechen: Kommt ihr Gesegneten meines Vaters! Nehmt in Besitz das Reich, das seit der Weltschöpfung für euch bereitet ist! ... Dann wird er zu denen auf der Linken sagen: Hinweg von mir, ihr Verfluchten, ins ewige Feuer, das dem Teufel und seinen Engeln bereitet ist! ... Diese werden eingehen in die ewige Pein, die Gerechten aber in das ewige Leben."

An den Glauben an die Auferstehung aller Menschen aller Zeiten, an die Weltgerichtsszene hält die Kirche noch heute fest.

Das Konzil von Florenz bestimmte 1442 „daß niemand außerhalb der katholischen Kirche, weder Heide noch Jude noch Ungläubige oder ein von der Einheit Getrennter des ewigen Lebens teilhaftig wird, vielmehr dem eigen Feuer verfällt ... wenn er sich nicht vor dem Tod ihr anschließt".

Erst das Zweite Vatikanische Konzil (1964) bestimmte, daß alle Menschen guten Willens, „die ohne Schuld noch nicht zur ausdrücklichen Anerkennung Gottes gekommen ist, zumindest grundsätzlich das ewige Heil erlangen können".(!)

[60]) Hans Küng zur Frage des Höllenglaubens. „Ewiges Leben?", Piper, 1982, S. 171.

[61]) Die Theologen Th. u. G. Sartory in ihrem Buch: „In der Hölle brennt kein Feuer". München 1968, S. 88, auch zitiert in Küng: „Ewiges Leben?". S. 170/71.

[62]) Walter Nigg: „Das Buch der Ketzer". Artemis Verlag 1970, S. 108.

[63]) Walter Nigg: dto., S. 214.

[64]) A. Camus: „Der Ungläubige und die Christen. Fragen der Zeit". Rowohlt 1961, S. 74.

[65]) Günnel Vallquist: „Das Zweite Vatikanische Konzil". S. 368/567.

[66]) Walter Nigg: „Das Buch der Ketzer/Die schwere Schuld der Christenheit". S. 200.

Papst Johannes XXIII., der große, aufgeschlossene, humane Papst — den ich als päpstlichen Nuntius (Kardinal Angelo Roncalli) in seiner humanitären Tätigkeit in Istanbul während des letzten Krieges persönlich kennengelernt habe —, hat die Irrungen, Verfehlungen und Unterlassungen der Kirche in ihrer Aufgabe als Verkünder der Botschaft der Liebe und Gnade erkannt und unumwunden zugegeben.

Sein eigenwilliger Versuch, als Papst durch das von ihm einberufene Zweite Vatikanische Konzil, unterstützt von Kardinal Bea (einem der fortschrittlichsten Kardinäle der Kurie zur Zeit des Zweiten Vatikanums) und dem Theologen Hans Küng, die Aufhebung der Verdammungserklärung der Juden und die Öffnung der Kirche aus ihrer lichtlosen Einmauerung durchzusetzen, konnte gegen den vehementen Widerstand einer Anzahl verstockter, in der Tradition erstarrter Kardinäle und Bischöfe und die hinterhältige Einflußnahme jesuitischer Tauzieher nur in sehr verwässertem Maße durchgesetzt werden. (Siehe Vallquist: Zweites Vatikanisches Konzil.)

Johannes XXIII. hinterließ das folgende, auszugsweise wiedergegebene ergreifende Bußgebet:

„Wir erkennen nun, daß viele, viele Jahrhunderte der Blindheit unsere Augen bedeckt haben, so daß wir die

Schönheit Deines auserwählten Volkes nicht mehr sehen und in seinem Gesicht nicht mehr die Züge unseres erstgeborenen Bruders wiedererkennen. Wir erkennen, daß das Kainszeichen auf unserer Stirne steht. Jahrhundertelang hat Abel darniedergelegen in Blut und Tränen, weil wir Deine Liebe vergaßen. Vergib uns die Verfluchung, die wir zu Unrecht aussprachen über den Namen der Juden. Vergib uns, daß wir Dich in ihrem Fleische zum zweitenmal kreuzigten, denn wir wußten nicht, was wir taten ..."

Zitiert von Friedrich Heer in „Gottes erste Liebe" (Bechtle), 1967, und Werner Keller in „Und wurden zerstreut unter alle Völker". Droemer-Knaur, 1966.

[67]) Johannes Lehmann: „Jesus Report — Protokoll einer Verfälschung!". Econ, 1970, S. 192.

Wer starr im Irrtum verharrt, verliert die Glaubwürdigkeit, erstarrt und versteinigt.

Hoimar von Ditfurth schreibt in seinem Buch „Wir sind nicht nur von dieser Welt" (Erster Teil/Evolution und Schöpfungsglaube, S. 23) überzeugt, „daß die naturwissenschaftliche und religiöse Deutung der Welt und der Menschen miteinander in Einklang zu bringen sind", allerdings bekennt er an anderer Stelle seines Buches (Zweiter Teil/Objektive Realität und Jenseitserwartung, S. 220):„Die Kirchen aber verabfolgen die abgestorbenen mythologischen Formeln vergangener Epochen, Fossilien, Steine anstelle von Brot. Und führen dann, wenn diese Kost nicht angenommen wird, laut Klage darüber, daß offenbar kein Hunger bestehe."

[68]) Ivan, in Dostojewski's „Die Brüder Karamasoff" III, 11 B 10.

[69]) Friedrich Nietzsche: „Die fröhliche Wissenschaft", III, 125.

[70]) „Einige Phänomene und Ereignisse der äußeren Natur übersteigen die landläufigen Erklärungen und die gewöhnlichen Erfahrungen. Sie erregen Furcht und erscheinen geheimnisvoll... Sie können Erscheinungen der äußeren Welt sein... biologische Phänomene... aber auch innere, psychologische Gegebenheiten... Mit dem Wachsen unserer Kenntnisse verloren die meisten dieser Erscheinungen ihren mystischen Schleier insoweit, als sie vernunftgemäß oder wissenschaftlich erklärt werden konnten... Solche Geschehnisse und Erlebnisse verdienen besonders bezeichnet zu werden... Ich nenne sie ‚göttlich'... Der Begriff des Göttlichen... erwächst aus der gewöhnlichen Natur, überragt sie indessen. Das Göttliche ist es, das der Mensch anbeten möchte und das seine heilige Furcht erregt." Julian Huxley: „Ich sehe den künftigen Menschen/ Natur und neuer Humanismus/Der neue Begriff des Göttlichen". List Verlag, 1965, S. 223/224.

Zur Frage der Evolution des Gottesglaubens sei darauf verwiesen, daß sich der Glaube von den frühesten Vorstellungen wirkender magischer Kräfte, über die Vorstellung der Beseeltheit der Natur durch unpersönliche Mächte (Dynamismus), über die Verehrung von Tieren und Naturerscheinungen und deren bildliche oder symbolische Darstellungen (Totemismus) zur Verehrung mehrerer Götter (Polytheismus) und zur Vorstellung vieler Götter entwickelt hat, doch den einzigen so anruft, als sei er der einzige (Henotheismus).

Der Monotheismus ist schließlich die Verehrung *eines* Gottes, doch haften dem Monotheismus noch Spuren früherer Glaubensvorstellungen an.

Der monotheistische Glaube entwickelte sich fortschreitend zu einem kosmisch-evolutionistischen Glauben, in dem biblische Überlieferungen keinen Platz mehr finden.

[71]) „Das Schönste, was wir erleben können, ist das Geheimnisvolle. Es ist das Grundgefühl, das an der Wiege von wahrer Kunst und Wissenschaft steht. Wer es nicht kennt und sich nicht mehr wundern, nicht mehr staunen kann, der ist sozusagen tot und sein Auge erloschen. Das Erlebnis des Geheimnisvollen — wenn auch mit Furcht gemischt — hat auch die Religion gezeugt. Das Wissen um die Existenz des für uns Undurchdringlichen, der Manifestationen tiefster Vernunft und leuchtendster Schönheit, die unserer Vernunft nur in ihren primitivsten Formen zugänglich sind, dies Wissen und Fühlen macht wahre Religiosität aus." Albert Einstein: „Mein Weltbild", Hrsg. C. Seelig/Ullstein, 1956, S. 10.

[72]) Jean E. Charon: „Der Geist in der Materie". Paul Zsolnay, 1979, S. 190.

[73]) Hoimar von Ditfurth: „Zusammenhänge/Gedanken zu einem naturwissenschaftlichen Weltbild". 1977, rororo, S. 12/13.

[74]) Stellungnahme zu der von Hans Küng in „Existiert Gott" dargelegten Auffassung zur Frage des hoffenden Vertrauens in Gott. S. 712—14 und 718—28.

[75]) Friedrich Nietzsche: „Also sprach Zarathustra". 2. Teil, „Von den Mitleidigen".

NACHTRAG

Von einem meiner Freunde wurde ich nach Fertigstellung meines Manuskripts zu dem vorliegenden Buch, Ende September 1983, auf die erfolgte Veröffentlichung einer Studie: „The Holy Blood and the Holy Grail" (Das Heilige Blut und der Heilige Gral) von Michael Baigent, Richard Leigh und Henry Lincoln aufmerksam gemacht. Das Original erschien bei Jonathan Cape Ltd., Great Britain 1983. Die Vorarbeiten zu dieser Studie haben acht Jahre in Anspruch genommen. Die Ergebnisse werfen neues Licht auf die politischen und geistigen Geschehnisse, von der römischen Besetzungszeit des Heiligen Landes an, über die Zeit der Kreuzigung Jesu, ihre Auswirkung auf die Ausbreitung des Christentums, auf die Bildung von Gegenbewegungen und deren Auswirkung auf das Geschehen bis in die Gegenwart. Der Gegenstand der Studie steht deshalb im engsten Zusammenhang mit den Darlegungen in meinem vorliegenden Buch, soweit sie auf die Auferstehung und den Gedanken der Erlösung der Menschheit durch den Kreuzestod Christi Bezug haben. Das ist der Grund, der zum Hinweis auf die genannte Studie und zur Aufnahme dieses Nachtrages geführt hat.

Die umfangreiche Studie (526 Seiten „Corgi Books") berichtet unter Heranziehung abgelaufener, neu überprüfter geschichtlicher Ereignisse, über das Durchsickern bisher streng gehüteter kirchlicher Geheimnisse, gestützt auf die Einsichtnahme in Aufzeichnungen des von Gottfried von Bouillon 1099 gegründeten Geheimbundes „Prioré de Sion" und über teilweise erfolgte Enthüllungen des von Hugo von Payen 1119 nach der Eroberung von Jerusalem gegründeten Templer-Ordens, der, unter dem Vorwand der Gotteslästerung, nach einem Schauprozeß 1312 vom Papst Clemens V. aufgelöst wurde.

Im Mittelpunkt der Studie stehen — was mein unmittelbares Interesse betrifft — die Schilderung des Ablaufes der Kreuzigung Christi und die logischen Folgerungen, die sich aus den Verschleierungen und Ungereimtheiten der Darstellung in den Evangelien ergeben, Folgerungen, die durch vertrauliche Aussagen von Zeitgenossen der stattgehabten Kreuzigung und die Einsicht in geheime Aufzeichnungen zwangsweise erhärtet wurden.

In der vorgenannten Studie wird die Kreuzigung als Täuschungsmanöver dargestellt, bei dem Jesus wohl gekreuzigt, als tot erklärt, jedoch, durch einen offensichtlich zwischen dem Ratsherrn Joseph von Arimathea und Pontius Pilatus abgesprochenen Handel, noch lebend vom Kreuz abgenommen wurde, geheilt und verborgen weiter gelebt haben soll. Das ist — meiner persönlichen Ansicht nach — die einzig mögliche und logische Erklärung der Inszenierung der Kreuzigung, eine Erklärung, die schon im frühen zweiten Jahrhundert ihre Bestätigung gefunden hat.

Die Studie wirft ferner neues Licht auf die unmittelbaren Folgen der Kreuzigung, auf den darauffolgenden Exodus aus dem Heiligen Land, auf den Weg des „Heiligen Blutes", auf das Geheimnis des „Heiligen Grals" und auf die Auswirkung gnostischer und manichäistischer Strömungen, die die Göttlichkeit Jesu und seine Auferstehung von den Toten in Frage gestellt haben. Diese Strömungen wurden begreiflicherweise von den kirchlichen Institutionen als „ketzerisch" verfolgt.

Der Glaube, daß Jesus nicht am Kreuz gestorben, nicht auferstanden ist und nicht als göttliches Wesen angesehen wurde, war bei den Albigensern, den Katharern, den Franken, Merowingern, Lothringern u. a. weit verbreitet. Ein entsetzlicher, blutiger, langwieriger Kreuzzug der Kirche gegen die „Ketzer" hat schließlich zur völligen Vernichtung der Albigenser und zur totalen Ausrottung der Katharer geführt.

Was die Inszenierung der Kreuzigung in bezug auf die Wahl der Richtstätte, die Freigabe des noch lebenden Körpers Jesu und, damit zusammenhängend, die Grablegung und die vorgebliche Auferstehung und Himmelfahrt Jesu betreffen, mögen folgende Hinweise dienen:

1) Die Evangelien sprechen einstimmig von der Kreuzigung, dem Tod am Kreuz, der Kreuzabnahme, der Grablegung und der Auferstehung Jesu. Sie verweisen auf den ungewöhnlichen Platz der Richtstätte angrenzend an das Grundstück des Ratsherrn Joseph von Arimathea und die ungewöhnliche Grablegung des Körpers des Gekreuzigten in ein *vor* der Kreuzigung auf dem Grundstück Josephs vorbereitet gewesenes Felsengrab, auf das schnelle Verschwinden des Körpers des Gekreuzigten aus dem Grab, auf die Auferstehung und Himmelfahrt und die damit verbundene Erlösung der Menschheit — das Herzstück des christlichen Glaubens.

Die außergewöhnliche Inszenierung der Kreuzigung, die zur Wahl der unüblichen Richtstätte, zur Freigabe des Körpers des Gekreuzigten und zur unüblichen Grablegung geführt hat, gibt zu denken! Sie kann logischerweise nur auf eine „Absprache" zwischen Joseph von Arimathea und Pontius Pilatus, unter Einbeziehung des die Kreuzigung überwachenden römischen Hauptmannes, zurückgeführt werden, *nicht* auf ein Eingreifen Gottes. Nach römischem Recht durften Leichen der Gehängten *niemals* freigegeben werden; sie sind nach Feststellung des eingetretenen Todes, bei Ausschluß der Öffentlichkeit, verscharrt worden.

2) Schon im 2. Jh. hat z. B. der bekannte Gnostiker Basilides (ein Schüler des Menander von Antiochia), der in Alexandrien

mit Anhängern Jesu, die das Heilige Land nach der Kreuzigung fliehen mußten, behauptet, als Geheimnis erfahren zu haben, daß die Kreuzigung ein abgekartetes Manöver war und daß an Stelle von Jesus ein anderer — Simon von Cyrene — gekreuzigt wurde. Clement von Alexandria (150—250) behauptete, daß Basilides eine geheime Mitteilung in diesem Sinne von Geuncias, einem Dolmetscher des Apostel Paulus, erhalten haben soll.

3) Nach Angaben des bekannten altchristlichen Theologen Hippolites (239) soll der Evangelist Markus, Begleiter des Apostel Paulus, ihm ein Geheimnis, die Kreuzigung Christi betreffend, anvertraut haben.

Auch Irenaeus, Bischof von Lyon (130—180), verweist in seinen Büchern, „Gegen die Häresien", auf Berichte, die von einer Inszenierung der Kreuzigung Christi und einem Täuschungsmanöver sprechen, um sie — wie könnte es anders sein — als „Ketzereien" zu verdammen.

4) Mani (216—277), der Begründer des Manichäismus, hat mit Nachdruck darauf verwiesen, daß die Kreuzigung Christi ein Täuschungsmanöver war, daß Jesus nicht selbst, sondern ein anderer an seiner Stelle gekreuzigt wurde. Der Manichäismus hat weite Verbreitung gefunden und hat sich bis ins vierzehnte Jahrhundert erhalten und dazu geführt, daß in weiten Kreisen die Göttlichkeit Jesu geleugnet und seine Bedeutung nur in der Lehre und im Vorbild Jesu gesehen wurde.

5) Im 6. Jh. verweist auch der Koran mit Nachdruck darauf, daß Jesus *nicht* am Kreuz gestorben ist, daß er gerettet wurde und seine Anhänger einem Täuschungsmanöver unterlagen (siehe Koran 4/157). Auch der Koran sieht in Jesus kein göttliches Wesen, sondern einen Lehrer und ein Vorbild.

Es fehlt nicht an zwingenden Hinweisen für die Annahme, daß Jesus dem Pilatus als tot gemeldet, jedoch im Zustand der Bewußtlosigkeit lebend vom Kreuz herabgenommen, nach der Grablegung von Joseph von Arimathea in Pflege genommen, geheilt wurde und nach einiger Zeit das Land verlassen hat. Diese Annahme würde die leibhafte Begegnung Jesu mit seinen Jüngern am See Genezareth, und die spätere mit Paulus vor Damaskus, vor seiner Auswanderung erklären. Das Dogma der Erlösung der Menschheit durch den Kreuztod Christi, das Herzstück der christlichen Heilslehre, würde durch die Erhärtung dieser Annahme zusammenbrechen. Die Kirche kann deshalb keine zwingenden Hinweise für eine solche Annahme zulassen.

Ich glaube, daß vorstehender Nachtrag zu meinem vorliegenden Buch eine wertvolle Ergänzung zur Frage der Kreuzigung, der Auferstehung und dem damit zusammenhängenden Erlösungsgedanken bildet.

BIBLIOGRAPHIE

Nachstehend eine Auswahl neuerer Werke, die, aus verschiedener Sicht und Einstellung, wesentlich ausführlicher Fragen behandelt, die ich versucht habe im vorliegenden Buch gedrängt und in allgemein verständlicher Ausdrucksweise zu beantworten, ohne durch viel gelehrtes Beiwerk den Leser überfordern zu wollen.

SINN UND WERT DES LEBENS

Adler Alfred: Der Sinn des Lebens
Bloch Ernst: Das Prinzip Hoffnung
Camus Albert: Der Mensch in der Revolte
Der Mythos von Sisyphos
Eucken Rudolf: Der Sinn und Wert des Lebens
Frankl V.E.: Ärztliche Seelsorge
Trotzdem Ja sagen zum Leben
Der Wille zum Sinn
Der unbewußte Gott
Fromm Erich: Die Kunst des Liebens
Die Revolution der Hoffnung
Gollwitzer H.: Zur Frage nach dem Sinn des Lebens
Hessen Johannes: Der Sinn des Lebens

Lauth Richard: Die Frage nach dem Sinn des Daseins
Machovec M.: Vom Sinn des menschlichen Lebens
Müller-Lyer: Der Sinn des Lebens und die Wissenschaft
Nietzsche Friedrich: Also sprach Zarathustra
Rauscher Josef: Der Sinn unseres Daseins
Ortega y Gasset: Über die Liebe
Scheler Max: Vom Sinn des Lebens
Vom Ewigen im Menschen
Schlick Moritz: Vom Sinn des Lebens
Schopenhauer A.: Sinn des Lebens in „Die Welt als Wille u. Vorstellung", 1. Bd.

DIE NATURWISSENSCHAFTEN VOR DER RELIGIÖSEN FRAGE

Bresch Carsten: Zwischenstufe Leben
Charon Jean E.: Der Geist der Materie
Ditfurth H. von: Zusammenhänge — Gedanken zu einem naturwissenschaftlichen Weltbild
Wir sind nicht nur von dieser Welt
Einstein Albert: Mein Weltbild
Religion und Wissenschaft
Eugen M. — Winkler R.: Das Spiel — Naturgesetze steuern den Zufall
Gilch G.: Das Spiel Gottes mit der Welt
Heisenberg W.: Naturwissenschaft und religiöse Wahrheit
Hoyle Fred: Das grenzenlose All
Huxley Julian: Ich sehe den künftigen Menschen — Natur und neuer Humanismus
Der Mensch in der modernen Welt
Jordan Pascal: Die Naturwissenschaften vor der religiösen Frage
Schöpfung und Geheimnis
Koestler Arthur: Der Mensch Irrläufer der Evolution
Monod J.: Zufall und Notwendigkeit
Oth René: Gott auf dem Prüfstein
Planck Max: Religion und Naturwissenschaft
Riedl R.: Die Strategie der Genesis
Ruyer Raymund: Jenseits der Erkenntnis — Die Gnostiker von Princeton
Salomon Michel (Hrsg.): Die Zukunft des Lebens — Die Antworten der Wissenschaftler
Teilhard de Chardin P.: Mein Weltbild
Der Mensch im Kosmos
Die lebendige Macht der Evolution

DAS FORTLEBEN NACH DEM TODE
Parapsychische Wahrnehmungen

Albert Hans: Das Elend der Theologie
Dethelfsen Th.: Das Leben nach dem Leben
Ditfurth Hoimar: Wir sind nicht nur von dieser Welt
Feuerbach Ludwig: Gedanken über den Tod und Unsterblichkeit
Heidegger M.: Sein und Zeit
Jacobson N.O.: Leben nach dem Tode
Kübler-Ross E.: Interviews mit Sterbenden
Küng Hans: Ewiges Leben?
Moody R.: Leben nach dem Tode
Ossis K. und Haraldson E.: Der Tod ein neuer Anfang
Price H. D.: Wie sieht das Jenseits aus?
Sabom Michael: Erinnerungen an den Tod (Recollection of Death)
Rhine L. E.: Hidden Chanels of the Mind
Sartre Jean Paul: Das Sein und das Nichtsein
Watson Lyall: Geheimes Wissen — Das Natürliche des Übernatürlichen
Toynbee A.: Vor der Linie — Der moderne Mensch vor dem Tod
Schopenhauer Arthur: Über den Tod, 2. Bd. in „Die Welt als Wille und Vorstellung"

DER GLAUBE AN GOTT

Albert Hans: Traktat über die kritische Vernunft
Adorno T. W.: Vernunft und Offenbarung
Zukunft ohne Religion
Gott, Wunsch und Wirklichkeit
Amery Carl: Das Ende der Vorsehung — Die gnadenlosen Folgen des Christentums
Barth Karl: Kirchliche Dogmatik
Baumann U.: Erbsünde — Ihr traditionelles Verständnis in der Krise heutiger Theologie
Bloch Ernst: Atheismus und Christentum
Religion im Erbe

Bonhoefer D.: Widerstand und Ergebung
Bultmann Rudolf: Kerygma und Mythos
Deschner Karlheinz: Abermals krähte der Hahn
Der gefälschte Glaube
Kirche des Unheils
Hrsg. Warum ich Christ, Atheist, Agnostiker bin?
Fresquet Henry: Hrsg. Glaube zwischen Ja und Nein — Bekenntnisse gläubiger und nichtgläubiger Zeitgenossen
Feuerbach Ludwig: Über das Wesen des Christentums
Über das Wesen der Religionen
Freud Sigmund: Die Zukunft einer Illusion
Totem und Tabu
Das Unbehagen in der Kultur
Der Mann Moses und die monoth. Religionen
Friess H.: Abschied von Gott — Eine Herausforderung — Ärgernis und Widerspruch
Gross I.: Entstehungsgeschichte des Erbsündendogmas — Von der Bibel bis Augustin

Haag H.: Biblische Schöpfungslehre und kirchliche Erbsündenlehre
Harnack Adolf: Das Wesen des Christentums
Lehrbuch der Dogmengeschichte — Über Geist der Lügen und Fälschungen
Heidegger Martin: Holzwege
Heiler F.: Unsterblichkeitsglaube und Jenseitshoffnung in der Geschichte der Religionen
Horkheimer M.: Die Sehnsucht nach dem ganz Anderen
Theismus und Atheismus
Huxley Julian: Religion ohne Offenbarung
Jaspers Karl: Der philosophische Glaube angesichts der Offenbarung
Jens Walter: Hrsg. Um nichts als die Wahrheit — Deutsche Bischofskonferenz kontra Küng
Kahl G.: Das Elend des Christentums — Plädoyer für eine Humanität ohne Gott
Kaufmann Walter: Der Glaube eines Ketzers
Kolakowski Leszek: Hrsg. Der nahe und der ferne Gott — Nichttheologische Texte zur Gottesfrage im 20. Jhdt.

Küng Hans: Christ sein
Existiert Gott?
Unfehlbar?
24 Thesen zur Gottesfrage
Menschwerdung Gottes
Ewiges Leben?
Lotz J. B.: Atheismus kritisch betrachtet
Moltmann J.: Der gekreuzigte Gott — Das Kreuz Christi als Grund und Kritik christlicher Theologie
Mynarek H.: Existenzkrise Gott
Nietzsche Friedrich:
Menschliches und Allzumenschliches
Morgenröthe
Die fröhliche Wissenschaft
Also sprach Zarathustra
Der Antichrist
Der Wille zur Macht
Nachlaß
Richter Horst: Der Gotteskomplex
Riedel Ingrid (Hrsg.): Der unverbrauchte Gott — Neue Wege der Religiosität
Robinson J. A. T.: Gott ist anders

Russel Bertrand: Warum ich kein Christ bin
Sartre Jean Paul: das Sein und das Nichtsein
Schopenhauer Arthur: Welt als Wille und Vorstellung
Schultz H. J. (Hrsg.): Wer ist der eigentliche Gott?
Szscesny G.: Die Zukunft des Unglaubens, Religion als Beschäftigung des gottlosen Menschen, in „Der unverbrauchte Gott" (Siehe Riedel Ingrid)
Tillich Paul: In der Tiefe ist Wahrheit
Der Gott über Gott
Wesen und Wandel des Glaubens
Toynbee A.: Vor der Linie — Der moderne Mensch und der Tod
Zahrnt H.: Die Sache mit Gott
Die protestantische Theologie im 20. Jhdt.
Gott kann nicht sterben — Wider die falschen Alternativen in Theologie und Gesellschaft

DIE MENSCHWERDUNG GOTTES

Augstein Rudolf: Jesus Menschensohn
Baeck Leo: Paulus der Pharisäer und das Neue Testament
Braun Herbert: Jesus der Mann aus Nazareth und seine Zeit
Bonhoefer Dietrich: Wer ist, wer war Jesus
Bultmann Rudolf: Jesus/ Kerygma und Mythos/ Theologie des Neuen Testament
Ben Chorin Schalom: Jesus — Bruder Jesus — Paulus der Völker Apostel
Charmichael Joel: Leben und Tod des Jesus von Nazareth
Conzelmann Hans: Grundriß der Theologie des Neuen Testaments
Deschner Karlheinz (Hrsg.): Jesusbilder in theologischer Sicht
Holl Adolf: Jesus in schlechter Gesellschaft
Klausner Josef: Von Jesus zu Paulus — Jesus von Nazareth — Seine Zeit, sein Leben und seine Lehre
Lehmann Johannes: Jesus Report
Flusser David: Jesus
Machovec Milan: Jesus für Atheisten
Macobi Hyam: König Jesus, Die Geschichte eines jüdischen Rebellen
Schweitzer Albert: Geschichte der Leben-Jesu-Forschung
Geschichte der paulinischen Forschung
Zahrnt Heinz: Es begann mit Jesus von Nazareth/ Die Frage nach dem historischen Jesus

DIE VERFEHLUNGEN DER KIRCHE

Bachwitz Kurt: Hexen und Hexenprozesse
Bradford E.: Der Verrat von
1204 — Venezianer und Kreuzritter plündern Konstantinopel

Coudy Julien (Hrsg.): Die Hugenottenkriege in Augenzeugenberichten
Deschner Karlheinz: Das Jahrhundert der Barbarei Mit Gott und den Faschisten
Ehrhard A.: Kirche der Märtyrer
Erlanger Philippe: Bartholomäusnacht 1527
Ferrara Orestes: Alexander VI. Borgia
Friedländer Saul: Pius XII. und das Dritte Reich
Frischer Kurt: Das Abenteuer der Kreuzzüge — Heilige, Sünder und Narren
Hansen Josef: Zauberwahn, Inquisition und Hexenprozesse im Mittelalter
Hasler A. Bernhard: Wie der Papst unfehlbar wurde
Heer Friedrich: Gottes erste Liebe/Kreuzzüge/ Der Glaube des Adolf Hitler
Hermann Horst: Ketzer in Deutschland
Junghans Helmar (Hrsg.): Die Reformation in Augenzeugenberichten
Kamen Henry: Die spanische Inquisition Intoleranz und Toleranz zwischen Reformation und Aufklärung
Keller Werner: Und wurden zerstreut unter allen Völkern
Küng Hans: Unfehlbar?
Las Casas B. de: Bericht von der Verwüstung der westindischen Länder
Lea H.: Geschichte der spanischen Inquisition
Levy G.: Die katholische Kirche und das Dritte Reich
Lucka E.: Torquemada und die spanische Inquisition
Nigg Walter: Das Buch der Ketzer
Ortis Antonio Dominges: Die Inquisition
Pernoud Régine: Die Kreuzzüge in Augenzeugenberichten
Roth Cecil: Die spanische Inquisition
Runciman Steven: Geschichte der Kreuzzüge Die Sizilianische Vesper Die Eroberung von Konstantinopel 1453
Sartory T. u. G.: In der Hölle brennt kein Feuer

KULTURGESCHICHTE DER MENSCHHEIT

Burghard Jakob: Kultur der Renaissance
Chledowsky C. von: Die Menschen der Renaissance
Deschner Karlheinz: Das Jahrhundert der Barbarei
Dollinger Hans: Schwarzbuch der Weltgeschichte
Friedell Egon: Kulturgeschichte der Neuzeit
Heer Friedrich: Gottes erste Liebe
Mittelalter
Europa, Mutter der Revolution
Das Wagnis der schöpferischen Vernunft
Der Glaube des Adolf Hitler
Jaspers Karl: Psychologie der Weltanschauungen
Keller Werner: Und wurden zerstreut unter allen Völkern
Ley Hermann: Geschichte der Aufklärung und des Atheismus
Ludwig Gerhard: Massenmord und Weltgeschichte
Mauthner Fritz: Der Atheismus — Seine Geschichte im Abendland
Mead M.: Hoffnung — Überleben der Menschheit — Glaube im 20. Jh.
Menschning G.: Toleranz und Wahrheit in den Religionen
Russell Bertrand: Philosophie des Abendlandes
Spengler Oswald: Der Untergang des Abendlandes — Umrisse einer Morphologie der Weltgeschichte
Toynbee A.: Studie zur Weltgeschichte
Kultur am Scheideweg
Vallquist Günnel: Das Zweite Vatikanische Konzil